Melina Pockrandt

ENSINANDO no caminho

PRÁTICAS PARA INVESTIR NA VIDA ESPIRITUAL DE SEU FILHO

Ensinando no caminho
Práticas para investir na vida espiritual de seu filho
por Melina Pockrandt
© Publicações Pão Diário, 2019

Coordenação Editorial: Dayse Fontoura
Revisão: Dalila de Assis, Dayse Fontoura, Lozane Winter, Rita Rosário, Thaís Soler
Projeto gráfico e diagramação: Audrey Novac Ribeiro
Imagens: © Shutterstock

Dados Internacionais de Catalogação na Publicação (CIP)

Pockrandt, Melina
Ensinando no caminho — Práticas para investir na vida espiritual de seu filho
Curitiba/PR, Publicações Pão Diário

1. Educação de filhos;   2. Vida cristã;   3. Paternidade

Proibida a reprodução total ou parcial sem prévia autorização, por escrito, da editora. Pedidos de permissão para usar citações deste livro devem ser direcionados a permissao@paodiario.org

Todos os direitos reservados e protegidos pela Lei 9.610, de 19/02/1998.

Exceto se indicado o contrário, as citações bíblicas são extraídas da Bíblia Sagrada NVT — Nova Versão Transformadora © Editora Mundo Cristão, 2016.

Publicações Pão Diário
Caixa Postal 9740, 82620-981 Curitiba/PR, Brasil
publicacoes@paodiario.org
www.publicacoespaodiario.com.br
Telefone: (41) 3257-4028

Código: T3357
ISBN: 978-1-68043-662-4

1.ª edição: 2019 • 3.ª impressão: 2024

Impresso na China

SUMÁRIO

Introdução..7

1. Administrando bem a herança......................... 11
2. O valor da Palavra de Deus............................... 27
3. Ensinando a orar (e jejuar)............................... 51
4. Vida devocional.. 71
5. Paixão pela Igreja... 89
6. Exemplo de caráter.. 99
7. Pais no secreto.. 105

Conclusão.. 119

INTRODUÇÃO

Criar os filhos no caminho do Senhor nunca foi uma sugestão aos pais, mas uma ordem. Tanto no Antigo quanto no Novo Testamentos, encontramos instruções claras a respeito da importância de transmitir as leis e preceitos de Deus para a geração seguinte. Uma das minhas passagens bíblicas preferidas sobre esse assunto está em Deuteronômio:

Guarde sempre no coração as palavras que hoje eu lhe dou. Repita-as com frequência a seus filhos. Converse a respeito delas quando estiver em casa e quando estiver caminhando, quando se deitar e quando se levantar. Amarre-as às mãos e prenda-as à testa como lembrança. Escreva-as nos batentes das portas de sua casa e em seus portões. (6:6-9)

As "palavras que hoje eu lhe dou" eram os mandamentos de Deus ao povo de Israel. Esse texto mostra que os preceitos não apenas deveriam ser ensinados, mas que isso deveria ser feito com insistência, em todo tempo e lugar.

No Novo Testamento, a ordem se repete nas cartas de Paulo, quando o apóstolo explica sobre os deveres — veja bem, deveres, não sugestões — de cada membro da família.

Pais, não tratem seus filhos de modo a irritá-los; antes, eduquem-nos com a disciplina e a instrução que vêm do Senhor. (EFÉSIOS 6:4)

Essa é uma responsabilidade de cada pai e mãe. O pastor Luciano Subirá enfatiza isso em seu livro *Preparando a nova geração* (Ed. Orvalho, 2017, p.44):

"Tem muita gente hoje em dia tentando terceirizar a educação cristã dos filhos por meio da classe infantil na igreja. A responsabilidade de criar e educar os filhos no temor do Senhor, de manter a casa cheia de Deus, é dos pais, de mais ninguém".

Tanto quanto alimentar bem, educar e oferecer abrigo, a paternidade implica ensinar os filhos no caminho do Senhor, administrando bem a herança que recebemos de Deus (SALMO 127:3).

Para ajudar pais e mães nessa tarefa, nasceu este livro. Ele traz embasamento bíblico que mostra a importância do investimento na vida espiritual das crianças. Cada capítulo também apresenta estratégias e dicas práticas que podem ser aplicadas em sua família, oferecendo suporte a pais, mães e responsáveis. Ao longo do texto, cito alguns livros de referência e sugiro que você procure lê-los para se aprofundar em temas específicos.

Obviamente, trago alguns exemplos de minha própria família. Isso não tem o objetivo de nos promover de forma alguma, mas de apresentar algumas estratégias que têm dado certo — e outras que podem ser melhoradas.

Não sou psicóloga nem especialista em educação de filhos ou desenvolvimento infantil. Porém tenho caminhado para o alvo a cada dia buscando ser uma mãe como aquela mulher virtuosa de Provérbios 31, cujas palavras são sábias e que ensina com amor, cuidando bem de sua casa e não dando lugar à preguiça.

Encorajo você a também entrar no caminho para ser o pai ou a mãe que seu filho necessita. Tenha em mente que mudanças podem levar tempo, mas precisam de um primeiro passo!

Convido-o a desfrutar desse conteúdo e a compartilhar aquilo que estiver dando certo para você — mesmo que sejam estratégias novas que você tenha desenvolvido e que não estão neste livro. Para isso, use suas redes sociais com a *hashtag* #EnsinandoNoCaminho.

Boa leitura!

1

ADMINISTRANDO BEM A HERANÇA

Um dos textos bíblicos mais conhecidos sobre filhos é o Salmo 127:3, que afirma: "Herança do Senhor são os filhos; o fruto do ventre, o seu galardão" (ARA). Você já parou para pensar no que significa a palavra *herança*?

Talvez, você — assim como eu — nunca tenha tido uma herança deixada por um parente milionário. Mas imagine como seria legal se um advogado batesse à sua porta e lhe contasse que você herdou uma grande quantia em dinheiro! O que você faria? Viajaria o mundo, trocaria de carro ou de casa, passaria algumas horas no shopping, investiria parte do dinheiro?

Independentemente dos planos que passem pela sua cabeça logo de cara, uma coisa é certa: não importa o valor, se não for bem administrada, toda herança pode ser desperdiçada e perdida. Vamos lembrar o que fez o filho pródigo em Lucas 15:

O filho mais jovem disse ao pai: 'Quero a minha parte da herança', e o pai dividiu seus bens entre os filhos. Alguns dias depois, o filho mais jovem arrumou suas coisas e se mudou para uma terra distante, onde desperdiçou tudo que tinha por viver de forma desregrada. Quando seu dinheiro acabou, uma grande fome se espalhou pela terra, e ele começou a passar necessidade. (vv.12-14)

Essa família não era pobre, sem dúvida. Pois, mesmo tendo repartido metade dos seus bens, aquele pai ainda continuou com uma grande propriedade e muitos servos. Isso me leva a entender que a família tinha muitas posses e que a herança que esse filho recebeu era bastante significativa. E, mesmo assim, ele conseguiu perder até o último centavo por viver de maneira irresponsável e não a administrar corretamente.

Ou seja, toda herança, se não for bem administrada, pode ser perdida. Mas, quando falamos sobre os filhos, precisamos entender que não cuidar dessa herança poderá resultar em mais do que simplesmente fome ou falta de recursos. A falta de cuidado poderá significar a morte eterna.

Eu acredito no livre-arbítrio e na decisão pessoal quando se trata da salvação em Cristo Jesus. Não creio que o meu compromisso com Jesus, como pai ou mãe, implica a salvação de toda a minha família necessariamente, nem que o ensino da Palavra na infância obrigatoriamente levará as crianças à fé quando forem adultos. Isso porque a salvação é individual e decisão de cada um. O direito ao livre-arbítrio é inegociável!

Porém, creio que temos, sim, grande influência nessa escolha ao investirmos na vida espiritual de nossos filhos ainda na infância — como lemos em Provérbios 22:6. (Aliás, se não acreditasse, este livro não existiria.) E, por isso, creio que seremos cobrados por Deus na eternidade: "O que você fez com a herança que eu te dei? Você fez com que seus filhos se aproximassem ou se afastassem de mim?".

Bruce Narramore, no livro *Socorro, temos filhos!* (Ed. Mundo Cristão, 1999, p.11), traz à luz essa grande responsabilidade de cada pai e mãe:

> "Em um sentido real, Deus nos deu uma oportunidade divina de moldarmos as vidas de nossos filhos para o tempo e para a eternidade. É lindo percebermos que podemos, de fato, ensinar nossos filhos sobre o amor e a natureza de Deus. É amedrontador saber que nossos próprios complexos podem interpor obstáculos entre nossos preciosos filhos e Deus, o Criador do Universo."

Ao nos tornarmos pais e mães, com o conhecimento que temos dos princípios divinos, temos a obrigação de buscar as melhores formas de criar nossos filhos no caminho do Senhor sendo referenciais que refletem a imagem do Criador.

Isso pode mudar drasticamente a sua rotina, exigir mais horas de oração e estudo da Palavra, incluir mexer em traumas do passado para que sua alma seja curada, diminuir suas horas de sono para dedicar-se às crianças... Mas vai valer a pena!

Ver seus filhos crescendo como grandes homens e mulheres de Deus vai fazer valer a pena.

Ver uma geração ser impactada pela sua descendência vai fazer valer a pena.

Ver o Reino de Deus sendo implantado na Terra através das suas crianças vai fazer valer a pena.

Ouvir "servo bom e fiel" lá na eternidade vai fazer valer a pena.

Vai valer a pena!

CUIDANDO DO TESOURO

Se eu recebesse uma casa de praia como herança — e quisesse mantê-la —, pagaria os impostos, cortaria a grama do terreno, faria a manutenção periódica na construção. Talvez fosse necessário pagar um serviço de segurança, mas eu cuidaria dessa propriedade. Até mesmo se quisesse vendê-la, deixaria a casa o melhor possível para conseguir um bom valor na negociação.

Ou seja, faz parte da boa administração cuidar bem daquilo que recebemos. No caso das crianças, o que há de mais precioso para cuidar? Segundo Provérbios 4:23, acima de todas as coisas, devemos guardar o nosso coração, pois ele dirige o rumo da nossa vida.

Entre as muitas aplicações que a concordância de Strong[1] aponta para a palavra "coração", umas delas é a alma! Ou seja, precisamos guardar a nossa alma — enquanto adultos — e, como pais, somos tutores responsáveis pela alma de nossos filhos até que eles mesmos tenham idade para cuidar de si.

Nesse cuidado com o coração, o ponto que quero destacar é a importância de protegermos as emoções de nossos filhos contribuindo para a formação de uma personalidade sadia e segura. A autoimagem que ajudamos nossos filhos a criarem determinará atitudes, comportamentos, escolhas e, consequentemente, afetará todo o seu futuro.

Portanto, temos a responsabilidade de promover a saúde emocional na primeira infância para que nossos filhos cresçam como adultos equilibrados. Autores diversos têm listado quais seriam as necessidades mais importantes da criança nesse aspecto incluindo: o senso de aceitação, o valor pessoal, a segurança e, principalmente, o amor genuíno.

Incentivo você a ler mais sobre esse assunto (é tão importante que eu poderia dizer como Paulo: "Rogo-vos, pelas misericórdias de Deus," que leia mais sobre o assunto) e dedique-se a melhorar suas atitudes. Um material precioso para

---

[1] Concordância bíblica elaborada por James Strong que oferece, entre muitos recursos, a palavra usada no idioma original e seus significados. Consultado no aplicativo *Olive Tree*.

isso é o livro *Sete necessidades básicas da criança* (Ed. Mundo Cristão, 2013), de John M. Drescher, que consegue reunir os pontos mais importantes de maneira bastante objetiva.

Ainda que eu não deseje me estender nesse aspecto, acho importante salientar que entender as emoções de seus filhos é cuidar bem do tesouro que você recebeu como herança. Por isso, precisamos sempre agir com amor — amor que é expresso em: aceitação, elogios, carinho e palavras, em tempo de qualidade e limites.

O psicólogo René Spitz realizou um estudo em um orfanato de bebês em que as enfermeiras não tinham tempo para dar atenção, afeto e amor para as crianças. Ele descobriu que aproximadamente 30% desses bebês morriam antes de completar um ano de vida. Segundo Spitz, "a inanição emocional é tão perigosa quando a física. Ela é mais lenta, mas tem a mesma eficácia. Se não houver satisfação emocional, as crianças morrem" (*Sete necessidades básicas da criança*. Ed. Mundo Cristão, 1999, p.56).

> **Seu filho precisa do seu amor tanto quanto da comida que você coloca à mesa.**

MULTIPLICANDO O QUE É DE OUTRO

Para que algo seja dado como herança, isso precisa ser propriedade de alguém que a deixou para outra pessoa após sua morte. Fazendo uma aplicação bem simples e óbvia: os filhos primeiramente são de Deus. Eles foram dados a nós como herança, mas nos encontraremos novamente com o Dono de tudo e prestaremos contas do que fizemos desses "bens", assim como aqueles servos responsáveis pelos talentos do seu senhor na parábola descrita em Mateus 25:14-28.

O texto conta sobre um homem que confiou diferentes quantidades de bens a seus servos. No retorno do senhor, cada um prestou contas do que fez com o que ficou sob seus cuidados. Os que multiplicaram os bens por meio do investimento foram elogiados. Porém, o que escondeu por medo foi repreendido severamente! Perceba que esse servo não perdeu aquilo que lhe foi confiado, porém a repreensão aconteceu mesmo assim, pois ele não o havia multiplicado.

Mais do que simplesmente proteger nossos filhos e não permitir que se percam, Deus espera que "multipliquemos esses bens". Faz parte da boa administração da herança garantir que ela aumente. Como assim? Tendo 15 filhos como na década de 1930? Não é isso! (Mas você e seu cônjuge são livres para isso caso queiram — e tenham coragem!)

Multiplicar a herança diz respeito ao cumprimento do propósito de expansão do reino através da nossa geração. No mesmo Salmo 127 — que diz que os filhos são herança do Senhor —, a Bíblia diz que eles são como flechas. E as flechas sempre vão mais longe do que o lugar onde o arqueiro está.

Ou seja, administrar bem a herança visando à multiplicação significa repassar o que você tem e estimular seu filho a chegar a lugares maiores, mais altos, mais profundos, mais intensos, mais bem-sucedidos no reino de Deus.

Uma flecha, para ser eficiente em sua missão, precisa estar bem cuidada, afiada e, principalmente, ser lançada na direção correta, com a força adequada e no momento exato. Quantas variáveis, não?

Muitos de nós não crescemos em um lar cristão e não tivemos pais que nos lançaram para o cumprimento do propósito. Ainda assim, temos sido usados por Deus pela Sua misericórdia. Já pensou o quão mais longe nossos filhos chegarão se formos guerreiros que os mantêm afiados e os lançam da maneira correta?

Para isso, nosso papel como pais envolve investir na vida espiritual de nossos filhos para mantê-los afiados (o que falaremos ao longo desse livro), mas também conhecer o propósito específico que Deus tem para nossas crianças.

Fazer essa descoberta exige um compromisso de orações, jejum e busca a Deus. E conhecer essa vocação específica garantirá que lancemos nossos filhos no tempo e no modo corretos, sejamos suporte para a próxima geração, ajudando-os a chegar aonde devem estar segundo o plano divino.

É como uma corrida de revezamento. Nós estamos correndo para entregar o bastão à próxima geração. Porém, a pergunta que precisamos fazer é: será que estamos dando o melhor na nossa vez para que eles tenham vantagem nessa corrida?

♥ HORA DA PRÁTICA: **INVESTINDO NA HERANÇA** ♥

sse capítulo tem como objetivo trazer uma autorreflexão. Por isso, primeiro vamos fazer uma avaliação e depois citar alguns passos caso seja necessário mudar a realidade em sua casa.

AVALIAÇÃO

Mostramos que valorizamos as coisas quando gastamos ou investimos tempo e dedicação a elas. Para você conseguir entender a importância de cada atividade em sua vida, tente anotar, por uma semana, quanto do seu tempo você gasta nas seguintes atividades. O trabalho não está incluído porque tende a ter um cumprimento obrigatório de horas, que foge ao controle pessoal.

Sei que fazer isso de forma consciente já nos levará a fazer escolhas melhores, mas, ainda assim, busque ser o mais sincero consigo mesmo. Esse livro é seu e ninguém precisa ver seus resultados.

⏰ TEMPO GASTO NA SEMANA (MINUTOS OU HORAS)
Pode ser aproximado.
1. Lendo a Bíblia/ orando sozinho.......... _____
2. Reuniões da igreja/ célula/ aconselhamentos/ discipulado............ _____

3. Refeições sozinho .... _____
4. Refeições em família............................ _____
5. Entretenimento na televisão ou computador .... _____
6. Entretenimento no celular................... _____
7. Outro tipo de entretenimento............. _____
8. Atividade física....................................... _____
9. Brincando (ou outro entretenimento) com as crianças .... _____
10. Orando ou lendo a Bíblia com as crianças .... _____

O QUE FAZER?

A família (refeições, brincadeiras e tempo de comunhão) deveria estar no topo das prioridades além da vida devocional diária. Se isso não acontece, os pais precisam avaliar quais mudanças podem ser feitas na rotina para readequar o tempo dedicado à família. Algumas delas são mais simples do que parecem:

1. O DIA DA FAMÍLIA

Ter um dia dedicado à família é indispensável, seja para casais ou para aqueles que já têm filhos. Isso porque é nesse momento que os vínculos se fortalecem, a comunicação é estabelecida de maneira mais livre, as crianças têm espaço e liberdade para falar com seus pais e os membros da família valorizam-se mutuamente, promovendo o senso de aceitação e segurança na infância. É um dos momentos da expressão do tão necessário amor que citamos anteriormente.

Esse dia precisa ser apenas dos familiares, sem convidados externos, por mais que amemos ter comunhão com outras pessoas. Alguém de fora pode limitar a liberdade que é necessária para que haja abertura, honestidade e cumplicidade. Além disso, ter sempre outras pessoas nas programações promove uma ideia — ainda que inconsciente — de que a família nunca é suficiente por si só!

Quando o dia da família é fixo, como um compromisso, é mais difícil que ele seja negligenciado. Porém, nem todos têm essa possibilidade. Lá em casa, o meu marido viaja e não podemos contar que ele sempre estará conosco todas as segundas-feiras, por exemplo. O dia da família tem que ser prioridade, mas não é para ser completamente inegociável.

Esse dia deve conter brincadeiras, conversas desconectadas do celular, refeições em família, passeios em que todos se divirtam. Uma dica bacana é permitir que cada dia um membro da família faça a escolha do local ou programação a ser realizada, dentro das possibilidades, obviamente.

Além de garantir o tempo de qualidade, promovemos o senso de pertencimento e valor quando permitimos que as crianças ajudem a escolher atividades de toda a família.

Mais importante do que o formato é o conceito: a família é importante o suficiente para a gente parar tudo e aproveitar a companhia um do outro. Isso abre canais de comunicação, gera admiração mútua e fortalece os vínculos!

2. BUSQUE A DEUS EM FAMÍLIA

Tenha encontros com sua família para buscar a Deus realizando um culto doméstico. Há quem prefira fazer um culto semanal com duração de 30 minutos, louvor, palavra e oração. Outros preferem apenas reuniões de oração em família. Em algumas casas, cada membro da família — inclusive as crianças — é responsável pela reunião num determinado dia e pode escolher qual será o formato da ministração.

O importante é que haja a busca a Deus em família de maneira periódica — semanal, quinzenal ou mesmo mensal — e isso demanda investimento de tempo. Não é necessário se estender; o importante é que haja um momento com o Senhor e que todos se envolvam.

No capítulo 3, falaremos de oração e ensino da Palavra de Deus de maneira mais específica, mas esse também é um momento de ensinar às crianças sobre a Bíblia e também como orar.

Alguns aspectos importantes sobre esse "culto familiar":

a. Marque e avise os familiares, mesmo que seja no mesmo dia: "Hoje à noite, teremos nosso culto".
b. Tenha expectativas realistas de acordo com a idade dos filhos. Os mais novos podem não se envolver por muito tempo. Portanto, mantenha um tempo

aceitável para todos — entre 15 e 30 minutos pode ser suficiente. À medida que o interesse for crescendo, o tempo também poderá aumentar.

c. Não é necessário manter o mesmo formato (louvor, palavra, oração). Outros formatos podem ser explorados: dia de contar testemunhos, dia apenas de orar por motivos diversos, trazer um devocional, ver um trecho de um filme com uma mensagem bacana... Busque ser criativo!

d. Alguns pais se sentem inseguros sobre o que falar. Caso você não tenha nada específico em seu coração, pode procurar textos devocionais na internet ou em livros com mensagens. O importante é que sejam passados princípios da Palavra de Deus e que as crianças possam compreender a aplicação prática desse princípio.

e. Revezes quem vai ser responsável pela reunião. As crianças também podem participar do jeito delas. Aqui em casa, deixamos que, em cada reunião, uma pessoa traga a mensagem, outra escolha a música, um seja responsável pela oração do começo e outro pelo encerramento.

f. Faça a reunião num local sem distrações — sem brinquedos, sem televisão ligada, sem celular.

g. Permita e incentive que todos falem e participem!

3. ADMINISTRE SABIAMENTE SEU TEMPO

Muitas pessoas resistem às sugestões acima porque afirmam que não têm tempo. Mas, quando colocamos na ponta do lápis, percebemos que gastamos muito do nosso dia com celular, televisão e outros entretenimentos. Não estou dizendo que lazer não é importante. Pelo contrário, é muito. Porém, o equilíbrio é fundamental.

Alguns passos práticos que podem ajudar na gestão do tempo em casa para garantir o equilíbrio e inclusão das prioridades.

a. Guarde o celular quando estiver em casa com as crianças. Não fique com o aparelho na mão nem correndo para ler cada mensagem que chega. Quando estamos de olho no celular, não estamos olhando para nossos filhos. Eles merecem — e precisam — de nossa atenção! Isso ajudará as crianças a se sentirem amadas, aceitas e valorizadas.

b. Tenha um planejamento semanal em que você anota o dia da família e as programações diversas. Ter tudo anotado e visível ajuda a aliviar a ansiedade e a não aceitar mais compromissos do que podemos administrar. Isso também ajudará você a manter seu próprio equilíbrio emocional e prevenirá acessos de ira e impaciência em casa!

c. Mantenha uma rotina viável com as crianças. Além de ser bom para elas — pois a rotina traz segurança e contribui para o desenvolvimento físico e psíquico —, ter hora para dormir, comer e acordar ajuda a organizar a vida de toda a família. Se você coloca seu filho na cama habitualmente às 20h30, por exemplo, sabe que após esse horário pode dedicar um tempo ao entretenimento, leitura, vida do casal, entre outras coisas que você deseja fazer e parece não ter tempo. Além disso, permite que você cuide de si mesmo, indo dormir num horário aceitável. Saber a hora em que as crianças acordam permite que você também se programe para um tempo devocional de qualidade!

d. Saiba dizer não! Como disse no ponto b, aprenda a não aceitar mais compromissos do que a sua agenda comporta.

❤ COLOQUE EM PRÁTICA JÁ! ❤

Comece montando a sua agenda da próxima semana. Coloque tudo no papel e já defina quando será o dia da família e quando será o culto doméstico, caso ainda não o faça. Avise a todos em sua casa para que fiquem animados e criem expectativas para esse momento.

Pensamentos:

2

O VALOR DA PALAVRA DE DEUS

Ah, a Palavra de Deus! Fico extasiada quando paro para pensar que o Deus soberano de todo o Universo nos ama tanto que deixou Suas orientações escritas para que nós tivéssemos clareza de como poderíamos ter acesso a Ele e viver de maneira digna. Não podemos negligenciar a leitura e estudo da mensagem que vem da boca do próprio Pai eterno.

Acredito que a compreensão sobre o valor da Bíblia é essencial para que nós tomemos a iniciativa e firmemos o compromisso de ensiná-la para nossos filhos. Se não dermos valor a ela, não investiremos tempo e esforços em repassá-la. Porém, se compreendermos o poder e a sabedoria contidos em suas páginas, seremos incansáveis em inculcar essa mensagem na nossa descendência.

Na sua segunda carta para Timóteo, Paulo fala que toda Escritura foi inspirada pelo próprio Deus e que ela é útil para nos instruir na justiça. Quero mostrar a profundidade do poder de ensino da Palavra de Deus:

Toda escritura é inspirada por Deus e é útil para nos ensinar o que é verdadeiro e para nos fazer perceber o que não está em ordem em nossa vida. Ela nos corrige quando erramos e nos ensina a fazer o que é certo.
(2 TIMÓTEO 3:16)

Uau! Tudo o que a gente mais deseja fazer com nossos filhos: ensinar o que é verdadeiro, fazer ver os próprios erros, corrigir quando necessário e ensinar a fazer o que é certo. A Bíblia é a ferramenta mais poderosa para uma das mais importantes responsabilidades da paternidade.

Como podemos negligenciar o ensino da Palavra às crianças? Pensando de maneira racional, sequer faz sentido lutarmos continuamente para educar os filhos e não lhes apresentar o "manual" que mostra o caminho correto. E mais, que também tem o poder de convencê-los a escolher esse caminho.

Isso mesmo! A Bíblia não é um livro de leitura. Ela entra na mente e transforma o coração. Sua mensagem é viva e poderosa para transformar nosso interior — e também o de nossos filhos (HEBREUS 4:12).

SABEDORIA PARA BOAS ESCOLHAS

Sempre comento que ensinar nossos filhos é garantir que eles tenham o conhecimento que precisam para ter boas atitudes quando estiverem longe de nós.

Muitas vezes, minha filha foi para casa de alguma amiga e eu fiquei pensando: "Será que ela vai comer de boca fechada? Vai se lembrar de apertar a descarga quando for ao banheiro? Espero que arrume a bagunça que fizer".

> **Nós ensinamos continuamente nossos filhos para que eles aprendam o que é certo e o reproduzam mesmo longe de nós.**

Obviamente, isso não se aplica só às coisas simples como as citadas acima, mas também às atitudes e escolhas que moldam o seu caráter. Todos os dias, ao irem para a escola, oro para que minhas filhas sejam influenciadoras e não influenciadas e que escolham sempre o caminho do bem. Que elas saibam discernir o que é bom e se afastem do que é mau, fazendo o que é justo, direito e correto. E essa será uma decisão delas, já que eu não estarei lá para guiá-las.

E sabe o que é capaz de ensiná-las sobre o que é justo, direito e correto? A esta altura, obviamente, você já sabe a resposta: a Palavra de Deus. Amo o capítulo 1 de Provérbios, que fala sobre a importância dos preceitos que estavam para ser citados:

Estes são os provérbios de Salomão [...]
Sua finalidade é ensinar sabedoria e disciplina às
pessoas e ajudá-las a compreender as instruções
dos sábios. Sua finalidade é ensinar-lhes uma vida
disciplinada e bem-sucedida e ajudá-las a fazer o que é
certo, justo e imparcial. Estes provérbios darão juízo aos
ingênuos *e conhecimento e discernimento aos* jovens.
(PROVÉRBIOS 1:1-4 — ÊNFASE ADICIONADA)

Fico admirada ao perceber que a palavra visa dar entendimento e prudência aos jovens que ainda são ingênuos! Dizem por aí que é preciso errar para aprender, que a experiência traz conhecimento. Mas a Bíblia fala que é possível aprender antes de errar. É possível ter sabedoria mesmo sem experimentar situações desagradáveis. E não é isso que queremos para nossos filhos? Que eles aprendam com os erros dos outros para que não precisem trilhar caminhos tortuosos — em todos os sentidos?

Na primeira carta de Paulo aos coríntios, o apóstolo lembra partes tristes da história do povo de Israel e comenta que tudo isso serve para nos ensinar:

Essas coisas que aconteceram a eles nos servem como exemplo. (1 CORÍNTIOS 10:11)

Ou seja, tudo o que está escrito na Bíblia nos serve como advertência, exemplo, guia e também esperança. Como diz em Romanos, tudo o que está escrito é para nosso ensino e também para nos dar ânimo (ROMANOS 15:4)!

PALAVRAS QUE LEVAM À SALVAÇÃO

Tendo escrito tudo isso, é óbvio que não podemos negligenciar o poder da Palavra de Deus para nos afastar (e afastar nossos filhos) do pecado.

O Salmo 119 — se você tem dúvidas sobre como a Bíblia é maravilhosa, convido-o a ler e meditar nesse salmo — questiona: "Como pode o jovem se manter puro?". E ele mesmo responde: "Obedecendo à tua palavra" (v.9). O salmista, no mesmo capítulo, afirma em primeira pessoa: "Guardei a tua palavra em meu coração, para não pecar contra ti" (v.11).

A Palavra de Deus é uma ferramenta poderosa para afastar o ser humano dos caminhos do mal e atraí-lo para o bem.

Lembra quando eu falei no capítulo anterior que a salvação é uma decisão pessoal? Pois é, mas não seria muito mais fácil tomar essa decisão corretamente tendo o coração e a mente "encharcados" com os preceitos que dão vida?

Um dos personagens bíblicos que sempre me inspirou foi Timóteo, principalmente pelo fato de ele ter se tornado alguém tão relevante para o reino de Deus ainda tão jovem. Estudando a Bíblia (ATOS 16:1), sabemos que ele era filho de um homem grego e de uma mulher judia (mais tarde convertida).

O que sabemos sobre essa mãe é que ela se chamava Eunice e, juntamente com a avó de Timóteo, Loide, dedicou-se a ensinar a fé e as Sagradas Escrituras ao seu filho desde a infância. Paulo relembra isso a Timóteo ao estimulá-lo a permanecer firme nesse ensino:

Você, porém, deve permanecer fiel àquilo que lhe foi ensinado. Sabe que é a verdade, pois conhece aqueles de quem aprendeu. Desde a infância lhe foram ensinadas as Sagradas Escrituras, que lhe deram sabedoria para receber a salvação que vem pela fé em Cristo Jesus.
(2 TIMÓTEO 3:14,15)

Você leu bem o que Paulo falou a Timóteo? Ele afirmou que as Sagradas Escrituras — a Palavra de Deus —, que lhe foram ensinadas desde a infância lhe deram *sabedoria para receber a salvação* que vem pela fé em Cristo Jesus.

Ou seja, Timóteo recebeu, ao longo da infância, ensinamentos acerca da Palavra de Deus e, no momento oportuno, quando lhe foram apresentadas as boas-novas de Cristo, essa mensagem que habitava no coração dele produziu sabedoria para que ele pudesse crer e, pela fé, ser salvo! Que sensacional!!! Todos os pontos de exclamação do mundo não conseguem expressar o quão maravilhoso é isso.

CRIANDO UM DEPÓSITO PARA O ESPÍRITO SANTO

Ao ler esse exemplo de Timóteo, entendo que, ao ensinar a Palavra de Deus para nossos filhos, estamos criando um bom depósito para ser usado pelo Espírito Santo nos momentos oportunos.

Muitas vezes, a minha filha Manuela já contou que, ao se sentir ofendida por um colega na escola, ela se lembrou de um dos versículos que sabia de cor: "Não deixem que o mal os vença, mas vençam o mal praticando o bem" (ROMANOS 12:21).

Creio que essa é a ação do Espírito Santo. Acredito que, lá na adolescência, ao enfrentar uma situação aparentemente impossível, o Consolador poderá soprar aos seus ouvidos o texto que ela conhece desde os 4 anos: "se creres, verás a glória de Deus" (JOÃO 11:40 ARA).

E por que não pensar que um dia, na vida adulta, o inimigo poderá tentar abalar a sua fé, mas o nosso Ajudador terá várias expressões do amor divino para lembrar-lhe do seu valor em Cristo — expressões que ela já conhece desde a infância —, entre elas a certeza de que Deus amou tanto o mundo que deu Seu único Filho para que ela tenha a vida eterna (JOÃO 3:16).

É como uma prova. Não sei se é assim que você ensina seus filhos, mas aqui em casa sempre explicamos que é preciso estudar para a prova e oramos para "Deus lembrar tudo aquilo que foi estudado". Na vida espiritual é o mesmo: o Espírito Santo nos faz lembrar todas as coisas que foram ouvidas (JOÃO 14:26) e sempre no momento oportuno.

Obviamente, o Espírito Santo não está limitado à nossa atuação. Ele é poderoso para criar e ensinar novas coisas aos nossos filhos o tempo todo e da Sua maneira. Porém, se Ele só quisesse agir por conta própria e não desejasse nossa participação no estabelecimento do reino, não nos mandaria ir pelo mundo inteiro e pregar as boas-novas (MARCOS 16:15), correto?

ENSINANDO COM PERSISTÊNCIA

Quando entendemos todo o poder que há na Palavra de Deus, compreendemos a ordem de Deuteronômio 6. Citando novamente:

> *Guarde sempre no coração as palavras que hoje eu lhe dou. Repita-as com frequência a seus filhos. Converse a respeito delas quando estiver em casa e quando estiver caminhando, quando se deitar e quando se levantar. Amarre-as às mãos e prenda-as à testa como lembrança. Escreva-as nos batentes das portas de sua casa e em seus portões.* (vv.6-9)

O ensino precisa ser persistente independentemente do tempo e da ocasião. Continuamente, sem cansar, sem desistir, sem desanimar.

Criar filhos consiste basicamente em repetir as mesmas coisas centenas de vezes até que eles aprendam, não é verdade? Quer um exemplo? A criança para de usar fraldas e começa a ir ao banheiro sozinha. Toda vez a gente tem que lembrar-lhe de apertar a descarga. E a gente fala umas 30 vezes por semana e, se não falar, a criança esquecerá.

Pregando sobre isso, certa vez, dei exatamente esse exemplo. Na hora, comentei: "Não sei por que repetimos tanto as orientações das coisas naturais e, na hora de nos aplicarmos ao ensino da Palavra de Deus, não temos a mesma persistência". E, no mesmo instante, enquanto ainda falava, o Espírito Santo me deu a resposta: "É porque a próxima pessoa que for ao banheiro vai perceber se a descarga foi ou não apertada. Não veremos, porém, os frutos do ensino da Palavra hoje ou amanhã. Eles podem demorar mais para serem revelados".

> **Criar filhos consiste basicamente em repetir as mesmas coisas centenas de vezes até que eles aprendam.**

Então, não desista de colocar a semente e regar todos os dias só porque o brotinho ainda não apareceu. A nossa função é plantar e regar e quem faz crescer é Deus (1 CORÍNTIOS 3:6).

"GUARDE SEMPRE NO CORAÇÃO"

Por fim, não podemos esquecer que o texto de Deuteronômio começa com a seguinte instrução: "Guarde sempre no coração as palavras". A fé pura e não fingida que Timóteo aprendeu, primeiramente, *habitou* em sua avó e em sua mãe.

Não há como colocarmos em prática a segunda parte do texto, a de ensinar com persistência, se essas Palavras não tiverem o valor correto para nós e não habitarem em nosso coração.

O compromisso da leitura da Bíblia precisa começar em você, pai e mãe! O desejo de conhecer a Palavra de Deus, meditar nos capítulos e versículos, escutar pregações na internet, ler estudos, entre outras maneiras de aprofundar-se nessa mensagem, precisam fazer parte da cultura da família. Seu filho precisa sentir este clima no lar: "Nós somos uma família que ama a Palavra de Deus".

E isso se dá pelo exemplo, pelo hábito que é visto pelos filhos. Se a nossa vida respira amor pela Palavra, nós, inevitavelmente, seremos "flagrados" lendo, estudando, ouvindo e falando dessa mensagem.

❤ HORA DA PRÁTICA: ENSINANDO A PALAVRA ❤

Se não acreditarmos em todo o valor que a Bíblia tem e no seu poder indescritível, jamais conseguiremos transmitir essa consciência aos nossos filhos. Portanto, antes de continuar com os passos práticos de ensino, você precisa avaliar o seu relacionamento com a Palavra de Deus e a sua fé genuína nessa mensagem.

AVALIAÇÃO

Marque com **V** ou **F** as seguintes afirmações abaixo. Novamente, seja sincero em sua autoavaliação.

- [ ] Leio a Bíblia todos os dias como um compromisso fixo.
- [ ] Estudo/ medito em algum trecho da Bíblia todos os dias.
- [ ] Já li a Bíblia inteira em algum momento (ou estou lendo pela primeira vez).
- [ ] Busco decorar versículos bíblicos.
- [ ] Já fiz ou pretendo fazer algum tipo de escola bíblica — presencial ou online — para compreender mais da Bíblia.
- [ ] Leio, ouço ou assisto pela internet mensagens diversas para fortalecer minha fé e o conhecimento da Palavra de Deus.
- [ ] Acredito que a Bíblia é a Palavra de Deus e é toda verdade.

O QUE FAZER?

Não é possível ensinar aquilo em que não acreditamos. Se você avalia que seu relacionamento com a Palavra está fraco, hoje é o dia da mudança. Crie uma meta de leitura da Bíblia de, no mínimo, um capítulo por dia. Você pode escolher o livro com o qual deseja começar. Estabeleça o compromisso de ler a Bíblia completa, de capa a capa, e crie uma rotina para cumprir essa meta.

Com seu coração dedicado à Palavra de Deus, você terá mais sucesso ao aplicar as estratégias de ensino às crianças.

♥ COLOQUE EM PRÁTICA JÁ! ♥

1. O EXEMPLO NO RELACIONAMENTO COM AS ESCRITURAS

Sei que, quando estamos lendo a Bíblia e meditando nela em nosso tempo devocional, não queremos plateia, pois é um momento de intimidade com o Pai. É por isso que outros tipos de estudo ou planos de leitura são tão interessantes, pois proporcionam a oportunidade de dar o exemplo sem prejudicar o tempo a sós com Deus.

Por exemplo, o meu devocional acontece antes de as minhas filhas acordarem porque é impossível não ser interrompida por uma criança do meu lado perguntando: "Mamãe, por que você está chorando?". Porém, a leitura corrida anual (gosto de fazer uma leitura da Bíblia de capa a capa por ano) é feita em um momento em que elas já estão acordadas e me observam lendo, ainda que pareça que não estão dando atenção.

Mas o exemplo não se dá só quando a criança vê você lendo a Bíblia. Você demonstra valor à Palavra de Deus de outras maneiras também:

a. *Pela leitura na presença das crianças,* como já foi citado
b. *Pela presença de Bíblias em sua casa.* Na mesa da sala da nossa casa, sempre tem pelo menos uma Bíblia, mas é comum encontrarmos entre duas e três Bíblias mais os cadernos devocionais indicando que alguém

passou um tempo orando por ali. Não esconda a Palavra de Deus nem as tire do alcance da criança. Devemos ter cuidado — e ensiná-las esse mesmo zelo —, portanto não torne as Bíblias inacessíveis.

c. *Pelo uso da Bíblia de papel.* Eu sei que os aplicativos têm nos ajudado muito a carregar a Bíblia para todos os lugares de maneira rápida e compacta. Porém, as crianças aprendem também por aquilo que veem. Assim, sempre que for possível, é interessante utilizar a Bíblia de papel na leitura, reuniões e cultos, para ajudá-las a visualizar a presença da Palavra de Deus nesses momentos.

d. *Pelo ensino persistente.* Demonstramos o valor da Palavra de Deus quando continuamente ensinamos nossos filhos sobre ela — seguindo a orientação de Deuteronômio. Se falamos de algo com persistência, as crianças percebem que aquilo é importante. Assim, podemos — e devemos — ensinar versículos bíblicos de maneira clara ("Filho, esse é um texto da Bíblia"), mas também valorizar a Palavra de outras maneiras:

- citar, ao longo do dia, trechos das Escrituras;
- contar histórias, ensinamentos e parábolas aplicando-as a situações vividas pela família;
- utilizar as Escrituras como trechos em nossas orações feitas em conjunto.

2. DÊ ACESSO À BÍBLIA

Seu filho precisa ter acesso à Bíblia e sua mensagem, não importa a idade. Para os menores, você tem a responsabilidade de ler a Palavra de Deus. Pode ser um livro infantil com histórias bíblicas ou mesmo uma Bíblia infantil.

O importante é que a criança se familiarize com o termo "Bíblia" e que sua mensagem tenha um papel na rotina diária. No começo, serão textos menores que tomam poucos minutos (lembre-se de que os mais novos não conseguem focar a atenção por muito tempo em uma mesma atividade). À medida que eles crescem, o tamanho dos textos pode aumentar.

Se você não puder comprar um livro infantil com as mensagens bíblicas, pode utilizar a Bíblia mesmo. O importante é que seja uma linguagem mais acessível. Pode ser a NVT (Nova Versão Transformadora) ou mesmo a NTLH (Nova Tradução na Linguagem de Hoje). Ambas as versões estão disponíveis no aplicativo da Bíblia *YouVersion*.

Caso você opte por usar a Bíblia tradicional, pode selecionar trechos dos evangelhos para contar para as crianças. Independentemente de qual seja o livro usado, o importante é:

- ressaltar que é uma mensagem da Bíblia;
- lembrar que a Bíblia é a Palavra de Deus, é a verdade e nos ensina;
- mediar o conteúdo lido aplicando a mensagem para o cotidiano da criança e
- buscar ter um horário fixo para esse momento.

♥ *Quando a criança pode começar a ler a Bíblia convencional sozinha?*

Isso depende de cada criança, já que a leitura por conta própria exige que ela esteja bem alfabetizada e tenha disciplina. Se houver dificuldade de leitura, o seu filho vai se cansar, associar a Bíblia a uma experiência ruim e a mensagem pode não ser compreendida corretamente.

Além disso, se não houver disciplina, a mensagem pode acabar deixando de ser inserida na rotina diária. Por isso, é importante sempre perguntar se a criança já leu e o que entendeu, para garantir que a leitura está sendo feita — além de contribuir para a fixação do conteúdo.

Aqui em casa, demos uma Bíblia para a Manuela quando ela estava com seis anos. É uma edição infantil, com capa roxa e mensagens para meninas, porém com o texto integral na versão NTLH. Ela começou a ler os evangelhos por sugestão nossa e, quando terminou, quis começar a ler um capítulo por dia a partir de Gênesis.

Confesso, para minha vergonha, que, quando ela chegou a Levítico, sugeri que ela pulasse para Provérbios, Salmos, outro livro mais "leve", mas ela insistiu em continuar na sequência. Fiquei feliz com a persistência, até ela chegar com a Bíblia aberta nas Leis e me perguntar: "Mame, o que é prostituta, divorciada e virgem?". Bem, essa é história para outro livro.

Vamos falar um pouco mais sobre a leitura bíblica no capítulo 4, ao abordarmos a vida devocional.

3. DECORANDO VERSÍCULOS

Quando Deuteronômio 6 fala sobre ensinar a Palavra de Deus em casa ou caminhando e diz para escrevê-la nas batentes das portas, amarrá-la nas mãos e pendê-la na testa, eu percebo que a mensagem deveria ser levada bem a sério. A ideia é que ela sempre esteja em fácil acesso quando precisar ser consultada. E que melhor maneira de isso acontecer do que sabendo-a de cor?

Acredito no benefício da prática de decorar versículos, pois trazemos à memória palavras de vida que nos dão esperança em tempo de angústia (LAMENTAÇÕES 3:21 ARA). Usamos esses textos — que são a própria Palavra de Deus — para orar em concordância com a vontade dele (1 JOÃO 5:14). Manejamos bem a mensagem para saber ensinar, aconselhar, proclamar as boas-novas, encorajar e consolar (2 TIMÓTEO 2:15 NVI). Enfim, há inúmeros benefícios em memorizar textos bíblicos.

Para as crianças, como falamos anteriormente, estaremos criando um depósito para ser usado pelo Espírito Santo em momento oportuno. Ainda que seu filho não compreenda o significado de tudo, a mensagem fará sentido racionalmente à medida que ele cresce e o seu espírito já está sendo fortalecido com o alimento eterno.

Lembrando que nunca é cedo demais para começar. Se a criança pode decorar uma música que vê na internet, ela tem capacidade de decorar "Deus é amor" (1 JOÃO 4:16). Esse foi, inclusive, o primeiro versículo que as meninas decoraram aqui em casa. Abaixo, para inspirar, uma lista dos que a Manuela já sabia de cor aos 5 anos — além do Pai Nosso e dos 10 mandamentos:

- Deus é amor (1 JOÃO 4:16).
- O Senhor é meu pastor, e nada me faltará
  (SALMO 23:1).
- Se creres, verás a glória de Deus
  (JOÃO 11:40 ARA).
- Guardei tua palavra em meu coração,
  para não pecar contra ti
  (SALMO 119:11).
- Quando me deito, durmo em paz, pois só tu, ó Senhor, me fazes viver em segurança
  (SALMO 4:8 NTLH).
- A alegria do Senhor é sua força
  (NEEMIAS 8:10).
- Pois nada é impossível para Deus
  (LUCAS 1:37).
- Porque Deus amou tanto o mundo que deu seu Filho único, para que todo aquele que nele crer não pereça, mas tenha a vida eterna
  (JOÃO 3:16).

♥ *Método de memorização*
Repetição tirando as palavras.

Primeiro você fala o versículo e a criança repete:

—Deus é amor.
—Deus é amor.

Depois, palavra por palavra.

—Deus
—Deus
—é
—é
—amor
—amor

Depois você fala uma parte e deixa a criança completar:

—Deus é...
—Amor

Outro exemplo:

—O Senhor é meu pastor nada me faltará.
—O Senhor é meu pastor nada me faltará.

Depois, parte por parte.

—O Senhor é
—O Senhor é
—meu pastor
—meu pastor
—e nada
—e nada

—me faltará
—me faltará

Depois você fala uma parte e deixa a criança completar:
—O Senhor é...
—meu pastor
—e nada me...
—faltará

Lembre-se: Tenha expectativas corretas de acordo com a idade da criança e paciência! É para ser um momento de alegria e paz, não de brigas. Se seu filho não estiver conseguindo aprender naquele momento, fique tranquilo. Você pode retomar no dia seguinte.

As crianças aprendem por repetição, em seu próprio ritmo e em um ambiente de amor, encorajamento e aceitação. Ofereça isso para elas!

♥ *Incluindo novos versículos*
Você pode repetir os versículos todas as noites antes de ir dormir, mas também ao longo do dia. O importante é não esquecer! Após algum tempo, poucas semanas, quando a criança já estiver falando o versículo sozinha sem precisar de ajuda, você poderá incluir outro texto da mesma maneira.

Para as crianças maiores, que já leem a Bíblia sozinhas, os pais podem pedir para o filho escolher um versículo novo a incluir na lista. Isso promove a autonomia e o interesse pela Palavra de Deus.

♥ *Escrevendo nos batentes*

Para as crianças alfabetizadas, você pode escrever cartazes e colar no quarto delas ou mesmo estimulá-las a terem um caderno onde anotar os versículos que estão aprendendo.

Para as crianças menores, você pode alternar escrita com figuras que as ajudem a lembrar algumas palavras do versículo. Por exemplo:

Deus é amor. (1 JOÃO 4:16)

A alegria do Senhor é sua força. (NEEMIAS 8:10)

Tua palavra é lâmpada para os meus pés. (SALMO 119:105)

4. APLICAÇÕES NO DIA A DIA

Ouvi um pregador dizer que devemos ser cheios da Palavra de Deus como uma esponja encharcada: onde toca, escorre. Esse é um princípio que eu procuro aplicar na minha vida pessoal e com as crianças. Sempre que tenho uma oportunidade, falando sobre algum fato cotidiano, trago para a conversa algum princípio bíblico ou versículo que se aplica àquela situação. Vou dar alguns exemplos reais lá de casa para facilitar a compreensão:

♥ *Balé*

Certo dia, minha filha de 4 anos chegou em casa após o balé falando que não ganhou o "brilho" (um *strass* adesivo que a professora cola no rosto das meninas após a aula) porque não se comportou bem. Logo eu perguntei por que ela não se comportou, já que essa não é a sua atitude usual, e ela comentou que outra menina a envolveu na bagunça.

Como foi o discurso: "Puxa vida, filha, que pena! Isso não foi legal. Não podemos nos comportar mal na aula porque atrapalha toda a turma e a professora. Agora, você não teve a recompensa que gosta tanto por causa desse comportamento ruim. A Bíblia fala que, quando as pessoas te chamarem para fazer coisas erradas, você deve dizer 'não' e continuar fazendo o que sabe que é certo".

♥ Lição de casa

Passo pela mesa da sala e vejo a minha filha mais velha, de 9 anos, fazendo a lição de casa. Depois da pergunta, há um espaço de dez linhas para a resposta, mas ela só utiliza uma. Eu logo intervenho: "Filha, olha quanto espaço tem para a resposta. Dá mais uma olhada para ver se não pode completar e deixar melhor. Lembra que tudo o que fazemos, devemos fazer como se fosse para Deus e não para as pessoas. Ou seja, temos que fazer o nosso melhor."

♥ Comentários maldosos na escola

Uma criança começou a fazer comentários maldosos e a tratar mal uma das minhas filhas gratuitamente. Depois de investigar e ver que a Manuela, de 9 anos, realmente não parecia ter feito nada contra a menina, orientei que ela fosse conversar e questionar, pacificamente, se ela tinha ofendido a garota de alguma forma — para que o relacionamento pudesse ser consertado. Expliquei que era isso que a Bíblia ensinava a fazer.

Manuela disse que tentou e a menina continuou sendo grosseira. Restou-me lembrar-lhe de que não podemos nos deixar vencer pelo mal, mas devemos vencer o mal com o bem. "Filha, cada um dá o que tem. Você pode continuar demonstrando o bem e fazendo o bem para influenciá-la a um bom comportamento. Não deixe que o mal que ela faz torne você má também!"

Na semana em que terminava a revisão desse livro, cerca de seis meses depois da situação acima, Manuela veio me contar cheia de alegria que ela se tornou amiga da menina que antes a perseguia. Foi uma alegria imensa! Perguntei para ela: "Valeu a pena não se contaminar e pedir para Deus te ajudar?". Ela respondeu que sim!

♥ *Entretenimento*
Também gosto muito de trazer princípios espirituais e referências bíblicas para filmes e programas que assisto com as meninas. Além de ser uma forma de corrigir possíveis distorções de comportamento apresentadas pelos personagens, é uma maneira de aproveitar a emoção que a superprodução trouxe às crianças para lembrar o que é eterno.

Quando fizemos maratona da saga *Star Wars*, mostrei para a Manuela, na época com 8 anos, como alimentar pequenos sentimentos negativos pode nos levar a uma grande ruína — a exemplo do que aconteceu com Anakin Skywalker. Caso você não saiba nada sobre *Star Wars*, vou explicar de maneira bem simples: Anakin era um cara do time dos mocinhos, superpoderoso, sendo treinado para proteger a galáxia. Ele começou a ficar com medo, com ódio e não ouviu as orientações dos seus mestres. Por fim, permitiu que a ira e outros sentimentos negativos tomassem conta de seu coração e se tornou o Darth Vader, o grande vilão da história.

Com a Ana Júlia, a mais nova, também comecei a fazer isso muito cedo — eles nunca são "novos" demais para aprender! Estava assistindo ao filme *Enrolados*, da Disney, quando ela estava com 4 anos, e a Rapunzel começou a cantar "Cura o que se feriu, salva o que se perdeu". No filme, a princesa tem um cabelo mágico e, quando canta, machucados saram milagrosamente.

Nessa hora, perguntei: "Quem cura o que se fere e salva o que se perde?". E a Ana Júlia logo respondeu: "Jesus!". Aproveitei para complementar: "E para curar e salvar, Ele usa pessoas como nós. Assim como a Rapunzel tem um poder dentro dela para levar a cura e a salvação, nós temos o Espírito Santo que é nosso poder para isso também".

No dia em que escrevi este capítulo do livro, aconteceu uma situação muito engraçada, que mostra como isso é comum aqui em casa. Assistíamos a *Branca de Neve e os sete anões*, eu e a Ana Júlia, com 4 anos. No final, os anões acreditam que a princesa morreu, mas, por ser tão bela, eles a colocam num esquife de vidro para ser velada continuamente. Na cena, eles estão ao redor do corpo, chorando. Nessa hora, Ana Júlia vira para mim e fala: "Agora eles vão orar!".

Foi muito legal ver que as coisas espirituais fazem parte do cotidiano dela com espontaneidade. Como eu sabia que eles não orariam, já respondi: "Se eles acreditassem em Jesus, acho que eles orariam sim, e ela ficaria boa, né?".

Enfim, poderia dar inúmeros exemplos nessa área, pois é algo muito comum aqui em casa. Mas a essência é: pregue a Palavra, esteja preparado em todo o tempo (2 TIMÓTEO 4:2), use todas as oportunidades. Porém, para isso, você precisa conhecer a Bíblia e estar cheio da mensagem para "escorrer" como a esponja!

3

ENSINANDO A ORAR (E JEJUAR)

A oração é uma prática que faz sentido à nossa mente como adultos. Para a criança, significa falar com alguém que ela não vê e confiar que está sendo ouvida. À medida que ela cresce sendo ensinada a orar, entenderá que, através da oração, desenvolvemos um relacionamento com Deus, aprendemos a falar com Ele, a apresentar nossos pedidos e abrir nosso coração para receber a Sua resposta.

Assim como todos os outros princípios espirituais, a oração é algo que ensinaremos pela explicação e também pelo exemplo. Devemos, sim, dar diretrizes de como falar com Deus. Se a oração não pudesse ser aprendida, Jesus não teria orientado Seus discípulos quando eles pediram: "ensina-nos a orar" (LUCAS 11:1). Graças a esse pedido, recebemos direto do Senhor o modelo de oração que chamamos de "Pai nosso".

Assim como é implícito ao casamento a intimidade do casal, faz parte da vida do cristão a prática da oração. O Novo Testamento traz isso tantas e tantas vezes que poderíamos separar algumas páginas apenas para citar os versículos. Vou me ater apenas a alguns que demonstram importantes ensinamentos.

JESUS ORAVA

A vida de oração de Jesus era intensa e disciplinada. Ele poderia perder horas de sono e descanso para passar tempo de intimidade com o Pai. Mesmo quando a vida estava corrida, ele criava oportunidades para orar, para passar tempo no "secreto".

> *...grandes multidões vinham para ouvi-lo e para ser curadas de suas enfermidades. Ele, porém, se retirava para lugares isolados, a fim de orar.* (LUCAS 5:15,16)

> *Certo dia, pouco depois, Jesus subiu a um monte para orar e passou a noite orando a Deus. Quando amanheceu, reuniu seus discípulos e escolheu doze para serem apóstolos.* (LUCAS 6:12,13)

> *No dia seguinte, antes do amanhecer, Jesus se levantou e foi a um lugar isolado para orar.* (MARCOS 1:35)

Afastou-se a uma distância como de um arremesso de pedra, ajoelhou-se e orou: "Pai, se queres, afasta de mim este cálice. Contudo, que seja feita a tua vontade, e não a minha". Então apareceu um anjo do céu, que o fortalecia. Ele orou com ainda mais fervor, e sua angústia era tanta que seu suor caía na terra como gotas de sangue. (LUCAS 22:41-44)

Se Jesus, nosso Senhor, Salvador e maior modelo, orava — e muito —, quem somos nós para achar que não devemos ter essa prática habitual?

ORIENTAÇÃO A TODOS OS CRISTÃOS

Sendo assim, os cristãos são chamados a reproduzir o modelo de Cristo. É importante lembrar que a oração não é "para Deus" nem muda quem Ele é. A oração é para nós, somos nós que precisamos nos conectar ao que é eterno.

A oração é o momento em que há intimidade com Deus (SALMO 25:14), o nosso espírito é fortalecido (HEBREUS 4:16), podemos receber orientações (JEREMIAS 33:3) e também apresentar as petições ao Senhor (EFÉSIOS 6:18), sendo cheios de poder do Espírito Santo (EFÉSIOS 5:18,19) e de paz em nossa alma (FILIPENSES 4:6,7).

Além disso, é ali que Deus nos transforma e nos comissiona. Como bem disse o pastor Luciano Subirá certa vez: "O lugar da oração não é onde obtemos tudo de Deus, é onde

Deus obtém tudo de nós". Esse é o local em que nos expomos completamente e sem reservas para falar, mas também para ouvir (ISAÍAS 64:25).

A oração é questão de sobrevivência para o cristão e, por isso, é uma ordem dada em diversos momentos no Novo Testamento:

Vigiem e orem para que não cedam à tentação.
(MATEUS 26:41)

Nunca deixem de orar. (1 TESSALONICENSES 5:17)

Orem no Espírito em todos os momentos e ocasiões. Permaneçam atentos e sejam persistentes em suas orações por todo o povo santo. (EFÉSIOS 6:18)

A ORAÇÃO NO COTIDIANO

Assim como a leitura da Bíblia, sabemos que muitas orações precisam de privacidade. Porém, da mesma maneira como falamos da Palavra no capítulo anterior, podemos e devemos inserir momentos "públicos" de oração para que nossos filhos nos vejam orando e aprendam com o exemplo.

Nossas orações em família não precisam ser extensas e complicadas, porém sinceras e frequentes. Podemos — e devemos — utilizar o tempo que temos com as crianças para mostrar que orar é uma atitude que deve fazer parte da rotina do cristão.

Alguns exemplos da maneira como inserimos as orações "públicas" aqui em casa:

Pela manhã, ao acordar: Digo "bom-dia" para as crianças e logo emendo: "Obrigada, Jesus, por esse dia lindo, pela noite que dormimos. Abençoa nosso dia, cumpre Tua vontade em nossa vida e nos livra do mal".

Nas refeições: Agradecemos pelo alimento, pedimos que nunca falte nem a nós nem aos outros. Essa oração, geralmente, é alternada. As crianças também oram.

A caminho da escola: Oro pelas meninas, pedindo para que Deus abençoe o dia delas, guarde-as do mal — seu corpo e sua alma —, livre-as das influências malignas, que elas consigam aprender todo o conteúdo, que o Espírito Santo esteja com elas na escola, que elas sejam luz e reflitam Jesus para quem encontrarem. Esse é um resumo geral, mas basicamente é por isso que oro.

Antes de dormir: Passamos no quarto de cada menina e oramos juntos. Primeiro elas oram e, depois, eu ou meu marido oramos agradecendo pelo dia e pedindo para que a noite delas seja abençoada.

Por situações de outras pessoas: Sempre que recebemos um pedido de oração ou percebemos a necessidade de outras pessoas — e quando é pertinente abrir isso em frente às crianças —, incluímos nossas filhas no momento de intercessão.

Recebemos, certa vez, uma mensagem de uma irmã pedindo oração pelo seu bebê. Ele estava doente e os remédios não estavam fazendo efeito; toda a família estava muito aflita. Na hora, falei para as meninas que oraríamos pelo bebê — que elas conheciam. Orei, pedi e declarei a cura e, por fim, encerrei pedindo que os remédios fizessem efeito. Após o amém, a Manuela, aos 9 anos, olhou para mim e disse: "Mamãe, não são os remédios que precisam fazer efeito, é a Palavra de Deus". Foi um daqueles momentos em que você não sabe se fica orgulhosa ou envergonhada!

ATÉ QUE ELES APRENDAM A ORAR

Essa não foi a única vez em que a Manuela mostrou os frutos dos ensinamentos acerca da oração. Certa vez, a caminho da escola, fiquei muito feliz com mais uma dessas "cobranças santas".

Nós fazemos praticamente sempre o mesmo caminho e passamos, todos os dias, em frente a uma casa que chamamos de "casa sorrindo". Uma vez, notamos que o posicionamento das janelas e da sacada faz parecer que a casa tem dois olhos e uma boca. Então, temos a tradição — eu e as meninas — de tentar adivinhar se a casa vai estar acordada (janelas abertas), dormindo (janelas fechadas) ou piscando (apenas uma janela aberta). Logo depois que passamos e fazemos a nossa brincadeira habitual, eu oro pelas meninas.

Num determinado dia, passamos pela casa, cumprimos a tradição, andamos mais duas ou três quadras e logo a Manuela perguntou: "Mamãe, você não vai orar?". Achei maravilhoso o fato de ela sentir falta e me cobrar. Principalmente porque esse hábito da oração a caminho da escola ainda era algo recente para nós.

Entre as orações que faço, uma é sempre pelas provas que a Manuela tem naquele dia. Peço para que Deus a ajude a lembrar do que ela estudou, que ela fique calma, que glorifique ao Senhor com sua nota etc. E aconteceu de um dia ela ter prova e eu ter esquecido de orar especificamente. Para minha grata surpresa, quando fui buscá-la, perguntei sobre a avaliação e pedi perdão por ter me esquecido de orar por isso. Manuela me olhou e disse despretensiosamente: "Tudo bem, mamãe, eu orei".

É isso!!! Este é objetivo de nosso ensinamento, do exemplo e do investimento: levar nossos filhos a uma vida própria de relacionamento com Deus. Saber que, sozinha, na hora da necessidade, a Manuela teve a atitude certa foi de uma alegria indescritível. Acredito que é como João falou:

Eu não poderia ter maior alegria que saber que meus filhos têm seguido a verdade. (3 JOÃO 1:4)

QUE NÃO FALTE FÉ

A Bíblia fala que sem fé é impossível agradar a Deus, pois é necessário crer que Ele existe (HEBREUS 11:6). Jesus também ensinou que crer é o caminho para o resultado da nossa oração (MATEUS 21:22). Ou seja, a fé é a base do relacionamento com o Deus invisível e também o meio para receber aquilo que pedimos segundo a Sua vontade.

> **Como pais, precisamos criar um ambiente cheio de fé em nossa casa.**

Como pais, precisamos criar um ambiente cheio de fé em nossa casa. Damos remédio, mas também oramos quando há alguém doente; intercedemos por milagres em situações aparentemente impossíveis; relacionamo-nos com Deus entendendo a Sua presença real em nosso meio.

É um ambiente de fé que estimula as crianças a orarem. É vendo a forma como seus pais oram, que elas desejarão fazer o mesmo tendo a certeza de que Deus existe e recompensa aqueles que o buscam (HEBREUS 11:6).

Orar com uma atitude mecânica, sem vida e sem intensidade, não despertará o coração de nossos filhos para esse hábito tão importante.

"MEU FILHO NÃO QUER ORAR"

Uma hora ou outra, seu filho vai dizer que não quer orar (ou não quer ler a Bíblia). Ao ouvir isso, nossa mente religiosa se desespera. A vontade é sussurrar "não fala isso que Deus está ouvindo", como se fosse cair um raio na cabeça da criança.

Calma, gente! Há muitos dias que você não quer orar também, mas não tem a mesma sinceridade da criança para admitir. Ou, ainda que admita, já sabe da importância e tem a disciplina para se colocar no ambiente de oração mesmo que sem vontade.

Entenda, Deus é bom! Ele compreende as nossas fraquezas e as limitações de seu filho também. Ele não está bravo com a criança e não vai puni-la por sua sinceridade.

❤ *Como agir?*

Quando a criança é pequena, minha sugestão é ser bastante prático. Brigar com seu filho não será educativo. Opção de resposta: "Ah, que pena, filho. Jesus quer tanto ouvir a sua voz. Mas, se você não quer orar hoje, pode deixar que eu oro! Amanhã, você ora".

Se essa resistência persistir, uma próxima estratégia é explicar que a oração é muito importante para não ser feita. E então pedir para a criança repetir o que você orar. Nesse caso, você faz uma oração curta e seu filho repete, palavra por palavra.

Em todo caso, é importante permitir que a criança tenha liberdade para falar sobre seus sentimentos — inclusive os negativos. Se tratarmos a falta de desejo de orar como um tabu que merece bronca, como nossos filhos se sentirão à vontade para falar de outras coisas sérias, como tentações e pecados?

Manuela, aos 9 anos, me surpreendeu numa conversa dizendo que achava que estava "perdendo a fé". Deu tudo certo e ela estava apenas confusa, mas, voltando ao assunto, ela nunca me falaria isso se achasse que eu a censuraria por um sentimento legítimo.

Ao mesmo tempo, e em todas as idades, é importante sempre lembrar por que a oração é necessária. Então, toda vez que a criança disser que não quer orar, relembre que é o momento de conversar com nosso Pai amado, de agradecer por tudo o que temos e de pedir por coisas que precisamos e pelas coisas que Ele quer realizar em nossa vida.

Vale também trazer exemplos do dia a dia em que a oração foi crucial, relembrando testemunhos da família. Outra maneira é lembrar situações que a criança está enfrentando e convidá-la a orar por isso, estimulando a sua fé.

Persista em ensiná-la e incentivá-la a orar, dê o exemplo e não desanime. E não se esqueça de pedir ao Espírito Santo que Ele mesmo mostre à criança a importância desse momento. A obra no coração de seu filho é feita diretamente por Ele. Falaremos mais sobre isso no capítulo 7.

CRIANÇA PODE JEJUAR?

Podemos — e devemos — ensinar a nossos filhos o valor do jejum como disciplina básica da vida cristã. No evangelho de Mateus, capítulo 6, Jesus ensina como os discípulos deveriam se comportar quando jejuassem. Ele disse *quando*, e não *se*. Ou seja, era algo implícito à vida cristã.

Sim, se você não jejua, está deixando de lado algo que é esperado de todos os cristãos e perdendo oportunidades valiosas de se aprofundar em Deus em novas revelações.

O jejum é uma atitude que visa enfraquecer a carne. O objetivo não é nos deixar tristes como um martírio, à semelhança de rituais de automutilação de diversas crenças. O principal foco do jejum é fortalecer o espírito, dominando a carnalidade, por meio da estratégia de abandonar coisas que são lícitas e prazerosas para dedicar-se a um tempo de oração e proximidade com Deus.

O autor Mahesh Chavid, em seu livro *O poder secreto da oração e do jejum* (Ed. Vida, 2016, pp.40-51), indica nove razões pelas quais os cristãos jejuam:

- Jejuamos em obediência à Palavra,
- Jejuamos para nos humilhar,
- Jejuamos para vencer tentações em áreas que nos impedem de usufruir do poder de Deus,
- Jejuamos para sermos purificados do pecado,
- Jejuamos para nos tornarmos fracos diante de Deus para que Ele seja forte em nós,
- Jejuamos para liberar unção para realizar a Sua vontade,
- Jejuamos em tempos de crise,
- Jejuamos para buscar a direção de Deus,

- Jejuamos por entendimento e revelação divina.

Se você ainda não compreende a importância do jejum, também incentivo que leia o livro acima. O autor, quando começou a ensinar sobre o tema, já tinha feito mais de 30 jejuns de 40 dias em sua vida. É uma autoridade no assunto.

Entendendo que jejum faz parte das práticas esperadas pelos cristãos, podemos incluir esse ensino aos nossos filhos? Com certeza!

Uma maneira muito prática é lembrar-lhes que o jejum consiste em enfraquecer a carne e fortalecer o espírito. Então, ainda que a criança não possa passar longos períodos de tempo sem comer, ela pode abrir mão de determinado alimento ou entretenimento.

Aqui em casa, as crianças já fizeram um período de jejum de doces; abriram mão do leite achocolatado pela manhã, ficaram um tempo sem comer a primeira refeição do dia e também decidiram trocar o tempo de assistir televisão pela manhã para orar ou ler a Bíblia.

É muito importante que os pais guiem os filhos nessas escolhas, lembrando que tomem decisões possíveis para que cumpram aquilo a que se propuseram. Também é importante ajudar as crianças a se dedicarem à oração para que o jejum alcance seu objetivo.

♥ HORA DA PRÁTICA: ENSINANDO A ORAR ♥

Incluir a oração na rotina da família é o primeiro passo para ensinar a criança a orar e a perceber a importância da oração.

♥ COLOQUE EM PRÁTICA JÁ! ♥

1. NAS REFEIÇÕES

A oração no momento das refeições é a primeira e mais fácil de ser inserida. Se você ainda não tem esse hábito, comece já! Pode — e deve — ser uma oração simples e, em cada refeição, um membro da família pode orar, incluindo as crianças nesse rodízio.

É muito comum as crianças aprenderem orações ou musiquinhas na escola para fazer antes do lanche. Se for algo que traga o agradecimento a Deus pela refeição, não há motivo para censurar o seu filho e obrigá-lo a fazer outro tipo de oração. A criança pequena gosta de reproduzir em casa o aprendizado da escola e, à medida que crescer, passará a fazer orações mais complexas e pessoais.

O importante é que o Senhor seja reconhecido como provedor e tenhamos um coração grato pelo alimento. Apeguemo-nos a essa essência e menos ao formato!

2. ANTES DE DORMIR

Essa acaba sendo a hora mais comum para os pais orarem com as crianças, provavelmente porque a correria das tarefas já chegou ao fim e os pequenos estão mais calmos.

Esse é um momento muito especial, pois geralmente envolve tempo que resulta em comunicação. Pais, aproveitem essa hora. Não façam tudo com pressa. Conversem com seus filhos, ouçam o que eles têm para falar e coletem informações que vocês usarão nos seus momentos de intercessão por eles.

3. POR MOTIVOS DE OUTRAS PESSOAS

Sempre que houver pedidos de oração, convide seus filhos para orarem com você. Por pessoas da igreja, outras crianças que eles conheçam, familiares que estão doentes. Enfim, sabemos que não há nada impossível para Deus e que nossa oração pode mudar situações.

Estimule a fé do seu filho e permita que ele também traga motivos de oração. Não é preciso separar uma hora específica para esse momento. Quando surgir a oportunidade, ore! Não se esqueça de compartilhar os testemunhos depois.

4. PELAS SITUAÇÕES QUE AS CRIANÇAS ESTÃO ENFRENTANDO

Toda vez que a criança contar algum problema ou desafio pelo qual está passando, ore com ela naquele momento. Algum colega da escola que está sendo maldoso, dificuldade em determinada disciplina, provas e avaliações... Enfim, traga a intervenção divina nas situações que são importantes para a criança.

Para isso, é importante:

- Ouvir a criança.
- Orar com ela e estimulá-la a fazer o mesmo, ensinando a orar com fé, em nome de Jesus e declarando a Palavra de Deus.
- Persistir em oração até que aquela situação não aflija mais a criança (lembrando que nem sempre isso significa que o problema vai ser resolvido. Muitas vezes, a "solução" divina é mudar o nosso coração e não as situações).
- Mostre para a criança a resposta da oração quando ela chegar. Lembre-a da intervenção divina em cada situação sempre que for necessário motivar a sua fé em situações futuras.

5. ENSINE AS CRIANÇAS A ORAREM

Quanto mais nova for a criança, mais simples será sua oração. Lembro-me até hoje da Manuela, aos 3 anos, orando antes de dormir: "Papai do Céu, obrigada por esse dia que usamos". Aos 8, ela já fazia orações bastante completas, inclusive citando trechos bíblicos.

Se a oração for uma rotina e bem orientada, as crianças crescerão na prática e, naturalmente, amadurecerão. Afinal, o próprio Espírito Santo estará fazendo a obra dentro do seu filho.

A partir de 4 anos, já é possível ensinar a criança a fazer orações mais completas com uma estratégia muito simples. Ela consiste em fazer perguntas à criança e usar as respostas dela para formular a oração. O pai faz a frase e pede para o filho repetir. Veja o exemplo:

- *Comece a oração com adoração:* "Filho, o que você acha que Jesus é?"

As respostas serão diversas: rei, legal, bom. Então, estimule a criança a declarar aquilo que ela disse: "Jesus, você é legal!" O pai fala, o filho repete!

A criança aprende a adorar na oração.

- *Siga com o agradecimento:* "Filho, o que aconteceu hoje que você gostou?"

As respostas podem ser simples: brinquei de boneca, comi brigadeiro, dormi com a mamãe. Estimule a criança a agradecer: "Obrigado, Jesus, porque eu comi brigadeiro".

A criança aprende a agradecer na oração.

- *Lembre-se de pedir perdão:* "Filho, você fez alguma coisa que não foi legal hoje?".

Talvez, ela resista em contar, mas é importante os pais criarem um ambiente de confiança em que o erro é corrigido em amor. Portanto, nessa hora, lembre-se de que sempre há perdão para os pecados confessados (1 JOÃO 1:9). Se for necessária correção, reserve para um próximo momento — assim que possível —, mas que não interfira no momento da oração.

Voltando para as respostas: briguei com a Maria, não obedeci à professora, não guardei meus brinquedos. Estimule a criança a pedir perdão: "Jesus, me perdoe porque eu não obedeci à professora e deixei você triste. Me ajuda a não fazer mais isso".

A criança aprende a reconhecer os erros, pedir perdão e clamar pela transformação divina em seu caráter.

- *Finalize com os pedidos:* "Filho, o que você quer pedir para o Papai do Céu?".

Os pedidos serão os mais diversos, dos mais fúteis aos mais relevantes: uma boneca nova ou um carrinho, para o papai fazer uma boa viagem, para eu dormir bem. Não menospreze nem censure nenhum deles e estimule a criança a pedir: "Jesus, me dá uma boneca nova?".

A criança aprende a pedir e confiar no Deus que supre todas as necessidades.

6. CONHECENDO A CRIANÇA ATRAVÉS DA ORAÇÃO

Como comentei anteriormente, o tempo de oração é um momento maravilhoso para o relacionamento entre pai e filho. Só na estratégia acima, conseguimos ver algumas maneiras de conhecer mais as crianças, conhecendo suas angústias, desejos e também erros.

Aproveite esse tempo e, depois, retome os pedidos que achou inapropriados, os erros cometidos e outros conceitos que descobrimos durante o momento de oração, mas que precisam de direcionamento.

7. INCLUINDO O JEJUM

A inclusão do jejum na rotina da família pode ser feita seguindo os propósitos estabelecidos pelos pais. Se os adultos jejuam uma vez por semana, podem estimular os filhos a escolherem um tipo de jejum para realizar naquele mesmo dia. Assim, pais e filhos podem orar juntos fortalecendo o propósito estabelecido. Fica mais simples de orientar a criança e lembrar sobre essa prática.

> **Pais e filhos podem orar juntos fortalecendo o propósito estabelecido.**

Lembre-se de dar opções viáveis de jejum para que a criança escolha:

- Não assistir televisão naquele dia (ou não brincar com celular e dispositivos eletrônicos).
- Não comer doce durante alguns dias.
- Para os mais velhos, pular uma refeição.

Encontre, com seu filho, algo que seja sacrificial para que a prática de jejum seja inserida na vida cristã da criança.

Pensamentos:

4

VIDA DEVOCIONAL

A palavra "devocional" vem de devoção e está relacionada à atitude de admiração a algo, em nosso caso, a Deus. Ter uma vida devocional diz respeito a investir tempo no relacionamento com o Senhor, por meio da oração, da leitura da Bíblia e da adoração.

O próprio Jesus nos deu orientações sobre a importância de manter o relacionamento com o Pai através da oração no lugar secreto:

Mas, quando orarem, cada um vá para seu quarto, feche a porta e ore a seu Pai, em segredo. […] Portanto, orem da seguinte forma: Pai nosso que estás no céu, santificado seja o teu nome. Venha o teu reino. Seja feita a tua vontade, assim na terra como no céu.

*Dá-nos hoje o pão para este dia, e perdoa nossas
dívidas, assim como perdoamos os nossos devedores.
E não nos deixes cair em tentação, mas livra-nos do
mal. Pois teu é o reino, o poder e a glória para sempre.
Amém.* (MATEUS 6:6,9-13)

Além de ensinar o formato — orar sozinho —, o Senhor nos ensinou o que orar, quais aspectos deveríamos apresentar ao Pai e, principalmente, que essa deveria ser uma busca diária:

Dá-nos hoje o pão para este dia. (v.11)

Ou seja, hoje oramos pelo de hoje. Amanhã, oramos pelo de amanhã. Porque o nosso relacionamento com Deus deve ser diário e incessante.

O nosso relacionamento com Deus deve ser diário e incessante.

Percebo essa mesma simbologia na história do maná, no Antigo Testamento. Enquanto o povo peregrinava pelo deserto, Deus mandava pão do céu para alimentá-los. Mas era necessário buscá-lo todos os dias pela manhã, pois não era possível guardar para o dia seguinte (ÊXODO 16:14-21).

Da mesma forma, não podemos nos alimentar da Palavra e da presença de Deus no culto de domingo e acreditar que isso será suficiente para nos mantermos fortes até o final de semana seguinte. A busca deve ser diária e isso se dá por meio do tempo devocional.

O LUGAR DE FALAR E OUVIR A DEUS

O tempo devocional que passamos na presença de Deus é o local onde Ele tem liberdade para falar conosco. É ali que receberemos direção e resposta. No capítulo 10 do livro de Atos, vemos um exemplo claro disso. Pedro estava em seu momento de oração, quando teve uma visão da parte de Deus e uma orientação clara sobre como agir em uma situação que estava prestes a acontecer.

O apóstolo viu diversos animais impuros, sobre os quais Deus dizia: "Coma!". Ele se recusou para não quebrar as tradições judaicas, mas o Espírito Santo lhe disse: "Não chame de impuro o que Deus purificou". Ele ainda processava o significado daquela mensagem quando homens enviados por Cornélio chegaram à sua procura.

Foi então que o Espírito Santo disse a Pedro que acompanhasse aqueles homens e assim o evangelho começou a ser pregado entre os gentios — que eram considerados impuros pelos judeus. O Senhor foi preparando o coração e a mente do apóstolo durante o seu momento devocional para algo que Ele pediria a Pedro em seguida.

Quantas vezes somos surpreendidos por tarefas, situações ou dúvidas e não sabemos o que fazer, simplesmente porque ignoramos quando o Espírito Santo quis nos preparar para elas? Muitas vezes, Ele está tentando nos alertar, nos forjar, dar as armas e estratégias que serão necessárias em algo que está para acontecer, porém, nós não estamos com os ouvidos abertos para ouvir.

Jesus sabia disso! Como já comentamos no capítulo anterior, Ele dedicava muito tempo à oração, inclusive, para tomar decisões:

Certo dia, pouco depois, Jesus subiu a um monte para orar e passou a noite orando a Deus. Quando amanheceu, reuniu seus discípulos e escolheu doze para serem apóstolos. (LUCAS 6:12,13)

Investir mais tempo para ouvir Deus, com certeza, é um passo para sermos mais bem-sucedidos em todas as áreas de nossa vida.

Lembremos o alerta de Provérbios 14:12: "Há caminhos que a pessoa considera corretos, mas que acabam levando à estrada da morte". Precisamos do Senhor para ajudar a discernir nossa própria conduta e contar com a Sua direção para guiar nossos passos:

O Senhor é bom e justo; mostra o caminho correto aos que se desviam. Guia os humildes na justiça e ensina-lhes seu caminho. O Senhor conduz com amor e fidelidade a todos que cumprem sua aliança e

*obedecem a seus preceitos. Por causa do teu nome, ó
Senhor, perdoa meus pecados, que são muitos. Quem
são os que temem o Senhor? Ele lhes mostrará o
caminho que devem escolher. Viverão em prosperidade,
e seus filhos herdarão a terra. O Senhor é amigo dos
que o temem; ele lhes ensina sua aliança.* (SALMO 25:8-14)

À LUZ DA PALAVRA

Para guiar nosso caminho, a Bíblia promete ser luz e lâmpada (SALMO 119:105). Portanto, faz parte do tempo devocional ler e meditar na Palavra de Deus.

Meditar no texto bíblico é ler, estudar e refletir profundamente sobre o significado daquele trecho. É fundamental buscar qual é a aplicação prática daquele princípio para a nossa vida e como a nossa mente deve ser renovada com esse entendimento.

Romanos 12:1,2 traz um texto muito conhecido, mas pouco compreendido por muitos cristãos:

*Portanto, irmãos, suplico-lhes que entreguem seu
corpo a Deus, por causa de tudo que ele fez por vocês.
Que seja um sacrifício vivo e santo, do tipo que Deus
considera agradável. Essa é a verdadeira forma de
adorá-lo. Não imitem o comportamento e os costumes
deste mundo, mas deixem que Deus os transforme
por meio de uma mudança em seu modo de pensar, a*

fim de que experimentem a boa, agradável e perfeita vontade de Deus para vocês. (ROMANOS 12:1,2)

Para muitos cristãos, a renovação da mente é compreendida como algo místico, talvez uma ação simplesmente espiritual, em que o Espírito Santo tem todo o trabalho de mudar nossos pensamentos enquanto lemos a Bíblia. Mas nós temos um papel muito mais ativo na renovação da mente!

A renovação da mente envolve ler um trecho bíblico e pensar em como isso muda tudo aquilo que você acreditava até então. Vamos a um exemplo simples?

No próprio capítulo 12, Paulo exorta os romanos: "Nunca paguem o mal com o mal. Pensem sempre em fazer o que é melhor aos olhos de todos. No que depender de vocês, vivam em paz com todos" (vv.17,18).

Renovar a mente é pensar: "Preciso fazer tudo o que está ao meu alcance para viver em paz com todas as pessoas. Isso significa ignorar pequenas ofensas, perdoar e fazer as coisas que agradam o próximo — mesmo que muitas vezes isso signifique deixar as minhas vontades de lado. É difícil, pois até hoje sempre pensei que a paz depende de todos. Mas a Bíblia está dizendo que eu preciso me esforçar para isso, independentemente do que o outro fez para mim. Há alguém com quem não tenho paz? O que preciso fazer para reestabelecer esse relacionamento hoje? Senhor, decido ser um instrumento de paz nesse dia onde quer que eu for e em qualquer situação que eu encontrar. Ajuda-me pela Tua graça, Espírito Santo".

Essa renovação de mente é intencional. É quando caminhamos e levamos nossa mente em direção à mente do Espírito e nos dispomos à transformação. Como Joyce Meyer afirma em seu livro *Campo de batalha da mente* (Bello Publicações, 2011, p.36): "Nós temos de escolher pensar certo propositadamente. Depois que finalmente decidirmos ter uma mente como a de Deus, então teremos de *escolher* e *continuar a escolher* pensamentos corretos".

Essa leitura e meditação na Palavra no tempo devocional é a estratégia para abandonar os pensamentos do velho homem e se revestir com a mentalidade do Reino de Deus.

RECONHECENDO A VOZ DO ESPÍRITO SANTO

Além do conhecimento revelado da Palavra, outra maneira de ouvir a Deus e ser direcionado por Ele é estar sensível à voz do Espírito Santo (ROMANOS 8:14). Obviamente, o nosso Ajudador está 24 horas por dia buscando se comunicar conosco. Porém, o tempo devocional é o lugar em que "treinamos" os ouvidos espirituais para escutá-lo de maneira mais clara e a conhecê-lo mais claramente.

Eu me converti aos 14 anos e aprendi a buscar em Deus as direções para a minha vida. Aos 16, às vésperas de fazer minha inscrição para o vestibular, eu tinha muitas opções de cursos: Engenharia, Música, Publicidade e até Física, acredite se quiser.

Mas entendi que eu precisava entrar no plano de Deus para minha vida. Recebi três direções de que era para eu fazer

Jornalismo, e apenas uma veio pela palavra profética de um irmão; as demais, compreendi em meu tempo de comunhão de Deus — uma por testemunho interior e outra, através da Palavra. Entendo que estou no exato lugar onde Ele queria me trazer por conta dessa decisão fundamental lá atrás!

Que maravilha será para nossos filhos aprenderem a ouvir Deus antes de tomarem suas decisões, seja para o dia a dia, seja para o futuro de suas vidas.

> *...ele permanecerá com vocês para lhes ensinar. Vocês verão seu mestre com os próprios olhos, e seus ouvidos o ouvirão. Uma voz atrás de vocês dirá: "Este é o caminho pelo qual devem andar".* (ISAÍAS 30:20,21)

A promessa é que há um Espírito pronto a nos guiar. A pergunta é: ensinaremos nossos filhos a ouvirem a direção que Ele está dando?

O LUGAR DA TRANSFORMAÇÃO DE MENTE E DE CARÁTER

Ouvir a Deus com o coração aberto implica transformação de vida! É impossível orarmos de coração sincero ao Senhor, meditarmos na sua Palavra, buscarmos renovar a mente e não sermos transformados.

A Bíblia nos garante que quando nos encontramos com a presença de Deus somos transformados, de glória em glória (2 CORÍNTIOS 3:18 ARA). A cada dia que nos encontramos com essa gloriosa presença, estamos alimentando o novo homem que está sendo renovado à semelhança do nosso Criador (COLOSSENSES 3:10).

Lembro-me de algumas experiências muito intensas que tive com Deus ainda nos meus primeiros meses de conversão, ajoelhada no banheiro da casa da minha mãe, orando e pedindo por direção. Foi ali, por exemplo, aos 15 anos, que aprendi que "ficar" (namoricos adolescentes sem compromisso) não era algo que eu deveria praticar. Ou seja, tive minha mente renovada daquilo que era padrão para o mundo para o que era o padrão celestial.

Também foi em um momento pessoal de leitura da Palavra e oração que entendi que deveria perdoar uma pessoa que me feriu e fui curada da mágoa que tinha daquela situação. Meu espírito foi fortalecido e a minha alma foi tocada pela presença de Deus.

Não foi necessário ninguém além do Espírito Santo e um momento de devoção meu para Ele! É isso que precisamos ensinar aos nossos filhos: a importância de um tempo a sós com Deus para que Ele venha e realize a Sua obra nos seus corações.

CRIANDO OPORTUNIDADES DA MANIFESTAÇÃO DE DEUS

Assim como inculcar a Palavra de Deus é criar depósito para o Espírito Santo utilizar na vida de nossos filhos, ajudá-los a inserir a prática devocional em sua rotina diária é dar estratégias para que eles se aproximem de Deus — e Deus deles.

Depois de algum tempo fazendo sua leitura diária da Bíblia, a Manuela ganhou seu primeiro livro específico de devocional aos 9 anos. Ainda nos primeiros meses, tivemos uma experiência especial sobre isso. Em um dia, ela chegou da escola muito feliz porque tinha sido a única menina da sala que tirou 10 na prova de matemática — só duas crianças em toda a turma conseguiram alcançar o feito, uma menina e um menino.

Ficamos muito felizes porque essa era uma disciplina da qual ela não gostava anteriormente. Elogiei o esforço dela, lembrei o quanto nós oramos por ela antes das provas e comemoramos a conquista. Na hora que fui dormir, entretanto, o Espírito Santo me incomodou a falar com a Manuela sobre orgulho e decidi que faria no dia seguinte, assim que ela acordasse.

No outro dia, ela levantou antes de mim e quando eu acordei, ela já tinha feito seu devocional. Disse bom-dia e o diálogo se seguiu:

—Filha, eu queria falar uma coisa para você. Ontem você ficou muito feliz com a sua nota na prova e eu também. Porém, vi que você ficou muito animada por ter sido a única menina. A Bíblia fala sobre orgulho, que Deus resiste aos orgulhosos...

—Mame, nem precisa falar mais nada — ela me interrompeu — hoje no meu devocional falava bem desse versículo.

Peguei o livro e, naquele dia, o personagem principal da história tinha tirado 10 na prova de matemática e havia sido o único da sala a alcançar a nota (*Pão Diário Kids*, Publicações Pão Diário, 2017, leitura de 5 de maio). A mãe dele aproveitou a ocasião para ensinar sobre orgulho.

A professora da Manuela poderia ter entregado a nota dois dias antes ou dois dias depois, mas aprouve a Deus que fosse exatamente na véspera da leitura daquela história. Porque *Ele quer falar* com nossos filhos. Às vezes, porém, não damos estratégias para as crianças ouvirem o que Ele tem a falar!

HORA DA PRÁTICA: INCLUINDO O DEVOCIONAL NA ROTINA DAS CRIANÇAS

Os capítulos anteriores sobre oração e leitura da Bíblia deram o trilho para que chegássemos à prática diária do tempo devocional e como inserir esse momento na rotina de nossos filhos.

Com os pequenos, o tempo devocional vai precisar ser guiado 100% devido às limitações de leitura natural da idade. Após a alfabetização, sugiro que os pais continuem a acompanhar esse momento por algum tempo até que as crianças já tenham maturidade — e isso não depende de idade — para administrarem o seu próprio tempo sozinhas. Nesse caso, os pais podem "monitorar" a prática perguntando às crianças o que elas leram na Bíblia ou aprenderam na mensagem que leram.

♥ COLOQUE EM PRÁTICA JÁ! ♥

1. DETERMINE UM HORÁRIO

Pela manhã é o melhor momento para ter um tempo devocional. Sei que para muitas famílias, esse horário é muito corrido, mas acredito que podemos organizar melhor a rotina — inclusive colocar as crianças para dormir em um horário apropriado — para conseguirmos adequar tudo que é importante.

Essa prática de dedicar os primeiros momentos ao Senhor seria como oferecer as primícias do seu dia a Ele. Se santificamos as primeiras horas, santificamos todo o dia, seguindo o princípio de Romanos 11:16.

No início, você — pai e mãe — precisará orientar esse momento, que poderá ser feito juntamente com o café da manhã se necessário. Lembre-se: é um tempo curto. Com as crianças menores não levará mais do que 5 ou 10 minutos.

Mais tarde, as crianças maiores deverão aprender a fazerem o devocional sozinhas. No início, não será um tempo longo, provavelmente cerca de 10 ou 15 minutos. Mas é importante que lhes ensinemos a importância do "secreto", ou seja, de estar sozinho para orar e ler a Bíblia. Assim, elas estarão com os ouvidos atentos e sensíveis à voz do Espírito Santo.

2. ORAÇÃO E ADORAÇÃO

Orar e adorar a Deus são partes importantes do tempo devocional.

Com as crianças pequenas — cujo devocional ainda é guiado pelos pais — podemos permitir que elas escolham uma música curta para cantarem para Jesus. Aqui em casa, temos o costume de assistir a alguma música infantil em um canal cristão no *YouTube*. A Ana Júlia, que é a menor, fica mais envolvida e animada.

À medida que as crianças vão crescendo, podemos oferecer opções como um celular ou um computador para que elas ouçam suas músicas de adoração preferidas na hora do devocional. Claro, isso é liberado conforme a maturidade da criança de administrar uma dessas tecnologias.

Antes de ler a mensagem bíblica, é importante ensinar os pequenos a orarem pedindo revelação do Espírito Santo, como fez o salmista (SALMO 119:18). O pai pode orar e pedir para a criança repetir e, eventualmente, pedir para que o filho ore — para que ele se acostume com a prática.

Por exemplo: Papai do Céu, obrigado por esse dia e pela sua Palavra. Espírito Santo nos ajude a entender a Sua Palavra, que ela entre no nosso coração e mude a nossa vida. Em nome de Jesus. Amém.

3. PALAVRA DE DEUS

O tempo devocional precisa conter a leitura da Palavra de Deus, pois ela é agente de transformação e renovação de mente — como já falamos anteriormente

Existem livros devocionais que podem ajudar a guiar esse momento, pois, geralmente, contam com um texto bíblico, uma meditação acerca do versículo e uma oração. Porém, você pode escolher um livro com histórias bíblicas, ou mesmo, trechos da própria Bíblia para ler com a criança.

Para as crianças já alfabetizadas, livros devocionais são muito interessantes, pois promovem uma independência para esse momento pessoal com Deus, permitindo que a criança tenha privacidade na leitura e oração.

Mas, como falamos em capítulos anteriores, é importante que o relacionamento com a própria Bíblia seja estimulado e cultivado pelas crianças.

4. APLICAÇÃO E ORAÇÃO

Após a leitura da mensagem, os pais podem guiar a criança a entender como aplicar a verdade aprendida na própria vida. Livros devocionais normalmente já apresentam essa aplicação. Mas os pais têm liberdade para aproveitar as situações que as crianças estão vivendo em suas vidas para mostrar como os valores bíblicos são atuais e podem ser aplicados.

Ouça seu filho e traga para esse momento as situações e realidades que ele tem vivido. Não perca a oportunidade de mostrar que a Palavra de Deus é viva, eficaz e é para *hoje*!

É muito interessante encerrar esse período orando sobre a verdade ensinada, pedindo para Deus ajudar na aplicação desse princípio em nossa vida.

5. É MAIS SIMPLES DO QUE PARECE

Às vezes, lendo tudo isso, parece que você vai gastar uma hora por dia fazendo o devocional com seus filhos. Calma! É mais simples do que parece. Vamos a um exemplo prático de um devocional que pode ser feito com uma criança de 4 anos.

ORAÇÃO (PEÇA PARA A CRIANÇA REPETIR)

Papai do Céu, obrigado por esse dia.
Ensine a cada um de nós a Sua Palavra,
abra os nossos olhos para que a gente entenda as
maravilhas da Sua Lei e que ela transforme
o nosso coração! Em nome de Jesus.
Amém!

VERSÍCULO

E não nos deixes cair em tentação.
(LUCAS 11:4)

MEDITAÇÃO

Às vezes, temos vontade de fazer uma coisa que não devemos. Isso se chama tentação: é quando pensamos em fazer algo errado. Você sabia que quando essa vontade aparece, podemos pedir ajuda a Deus para nos fortalecer e escolhermos fazer o que é certo?

APLICAÇÃO

—Filho, você já teve vontade de fazer algo que não podia? Por exemplo, comer um doce quando a mamãe disse que não?

(Deixe a criança contar alguma situação. Se ela estiver com vergonha, conte de algum momento que você passou por tentação.)

—Nós não devemos fazer coisas erradas. E se a vontade aparecer, podemos pedir para Jesus nos ajudar. Ele não fica bravo conosco. Pelo contrário, fica feliz por termos chamado por Ele e vai nos salvar.

ORAÇÃO FINAL (PEÇA PARA A CRIANÇA REPETIR)

Papai do Céu, nós não queremos fazer coisas erradas.
Não nos deixe cair em tentação.
Me ajude, todos os dias. Em nome de Jesus.
Amém.

6. COMECE O QUANTO ANTES

Quanto antes começarmos a fazer o devocional com as crianças, mais elas entenderão acerca desse tempo.

Assim, na idade apropriada, terão mais facilidade para conduzirem o seu momento dando espaço para adoração, oração e leitura da Palavra.

7. ESTIMULE O AMADURECIMENTO

Como já falamos anteriormente, à medida que a criança cresce, o tempo devocional muda. Podemos estimulá-la a ler mais trechos da Bíblia e ensiná-la a ter um período maior de oração individualmente.

Uma estratégia muito interessante é dar um caderno especial para que a criança anote as coisas que tem aprendido nas suas leituras bíblicas e também o que sente durante o período de devocional. Essa é uma maneira de mostrar aos nossos filhos que o Espírito Santo está falando com eles.

Como assim? Vamos a um exemplo:

A criança anota que leu um trecho da Bíblia falando sobre perdão e que, na hora, lembrou-se de um colega da escola que foi maldoso com ela. Enquanto lia, sentiu-se muito triste e decidiu que não queria mais ficar brava com aquela pessoa. Depois, não se sentiu mais triste.

Podemos explicar para a criança que o Espírito Santo trouxe à memória aquela pessoa que ela deveria perdoar. Que a tristeza foi o sentimento de arrependimento que Deus nos dá e foi Ele que a ajudou a optar pelo perdão. A felicidade, no final, foi a paz do Senhor, que encheu o seu coração por ter feito a coisa certa!

É muito importante que mostremos esse interesse perguntando sobre o que ela leu e aprendeu e também ajudando a criança a ver o mover de Deus durante o tempo devocional.

5

PAIXÃO PELA IGREJA

Uma das nossas funções como pais é ensinar nossos filhos a amarem a Igreja do Senhor. Isso porque entendemos o valor da reunião do Corpo de Cristo. Se somos membros de um só corpo, precisamos uns dos outros (1 CORÍNTIOS 12:12-14) e é na união desses membros que acontece o crescimento (EFÉSIOS 4:16). Portanto, não podemos deixar de congregar, antes, devemos nos reunir para celebrarmos ao Senhor juntos (HEBREUS 10:25).

Quando o assunto é igreja, estamos falando de reuniões nos templos e também nas casas — sejam tempos formais, como pequenos grupos ou células, ou mesmo comunhão entre irmãos. A Bíblia fala que é bom e agradável quando os filhos de Deus se reúnem. Ali se manifestam unção e bênção de Deus (SALMO 133).

Porém, nossos filhos nunca serão apaixonados pela Igreja se não virem essa paixão em nós. Então, as perguntas que temos que responder são: primeiramente, qual é nosso compromisso com o Corpo de Cristo?

Depois, como consequência, somos assíduos nas reuniões periódicas ou faltamos sempre que o clima está desagradável e chegamos atrasados por falta de organização de tempo? Passamos tempo com nossos irmãos da fé e nos preocupamos com as necessidades alheias ou reclamamos dos encontros e falamos mal das pessoas pelas costas? Dedicamo-nos ao serviço ou fugimos de qualquer trabalho que é solicitado pela liderança da igreja?

Esses são alguns questionamentos que nos ajudam a avaliar nossa verdadeira paixão — ou falta dela — pelo Corpo de Cristo. E isso está sendo observado pelos nossos filhos.

Não chegamos atrasados na sessão de cinema, não faltamos aula porque chove e sempre temos tempo para os amigos que valorizamos. São esses os exemplos diários em nossa casa? Não esqueça que as crianças aprendem pelo que veem e não pelo que falamos.

ONDE ESTÁ A PAIXÃO?

A paixão começa com decisão: decidir amar a casa de Deus, ir às reuniões com expectativas e entregar-se completamente à presença do Espírito Santo quando estiver lá.

É um ciclo: quanto mais você se entrega, mais você experimenta e mais deseja estar naquele lugar da presença. Entendo essa figura quando Deus ordenou acerca da construção do tabernáculo: "...o fogo do altar será mantido aceso; nunca deverá se apagar. A cada manhã, o sacerdote acrescentará mais lenha ao fogo..." (LEVÍTICO 6:12). Nós somos os responsáveis por colocar lenha para que o fogo em nosso coração não se apague!

Quando entrei nesse ciclo de ansiar pelos átrios do Deus vivo (SALMO 84:10 ARA), estava em um período que tinha a possibilidade de orar pela manhã no templo da nossa igreja. Lembro que chegava na porta com meu coração palpitando de alegria por estar ali — e nem era um culto, era apenas um tempo de oração pessoal.

Próximo a esse período, viajamos de férias em família e lembro que fizemos nossa programação entre passeios e compras garantindo que aos domingos estaríamos livres para ir à igreja. A vida da igreja e do Corpo de Cristo é tão real e importante para nós que, no mesmo dia de nosso voo de ida, fomos ao culto pela manhã, almoçamos com discípulos e viajamos em seguida.

Após uma semana de muita diversão, ao entrarmos na igreja lá em Orlando, nosso coração estava queimando de alegria tanto como estava nos dias de parque. Nosso voo de volta era no domingo seguinte e, mais uma vez, pela manhã, fomos cultuar a Deus!

Não há vida longe do Corpo e nossos filhos só vão entender isso quando demonstrarmos o nosso compromisso com atitudes. Obviamente, a paixão, em primeiro lugar, é por Cristo. Porém, ela também se reflete pelo envolvimento com Sua Igreja.

A vida da igreja primeiramente deve fazer parte da rotina da família.

Porém, quando nos falta paixão por Jesus e pelo Corpo de Cristo, vivemos um compromisso religioso com práticas mecânicas e nossos filhos não terão interesse nem prazer de viver a vida cristã.

❤ HORA DA PRÁTICA: DESPERTANDO EM SEUS FILHOS A PAIXÃO PELA IGREJA ❤

A vida da igreja primeiramente deve fazer parte da rotina da família e, então, inserir as crianças será algo natural.

Lembro-me de quando um casal da nossa igreja foi a um retiro de jovens com duas crianças pequenas — um com 2 anos e um bebê com menos de 6 meses. Para algumas pessoas, pode parecer loucura. Para eles, foi continuar vivendo a sua paixão, agora com os filhos. Para as crianças, é promover o senso de pertencimento: "Faço parte dessa família e participo do que é importante para ela".

❤ COLOQUE EM PRÁTICA JÁ! ❤

1. TENHA UM COMPROMISSO REAL

Demonstre que a igreja é importante sendo pontual e assíduo nos cultos e reuniões. Não negocie nem marque compromissos que conflitem com as programações periódicas da igreja. Envolva-se em conferências e eventos, inclusive trabalhando e servindo como puder.

Organize seus horários para chegar na hora e não faça da rotina um fardo. Não reclame de ter que arrumar as crianças ou de ter que parar alguma programação para se preparar para ir ao culto.

2. DEMONSTRE ALEGRIA E PRAZER VERDADEIROS — EM PALAVRAS E ATITUDES

Sorria, alegre-se, declare com palavras e com suas atitudes que você fica feliz quando vai à casa de Deus (SALMO 122:1). Diga às crianças com frequência afirmações como: "Oba, hoje é dia de igreja. Vamos cantar para Jesus. Vamos nos reunir com os irmãos. Hoje tem célula. Viva!"

3. NÃO ACEITE PROGRAMAS QUE POSSAM CONCORRER COM OS CULTOS E PARTICIPE, MESMO LONGE

Não negocie os horários de culto e, se algo acontecer que impeça você de ir à igreja, procure assistir online, se isso for uma possibilidade. Em viagem, busque igrejas onde você estará para que possa cultuar a Deus em família.

4. EXPLIQUE SEMPRE QUE NECESSÁRIO AS RAZÕES DAS PRÁTICAS CRISTÃS

Lembre com frequência às crianças sobre por que vamos aos cultos toda semana, qual é a razão pelas quais cantamos músicas, por que oramos e tomamos a Ceia etc. A criança precisa entender os motivos pelos quais é importante estar ligado ao Corpo de Cristo e não ver essa reunião semanal apenas como uma obrigação.

Uma maneira interessante é perguntar aleatória e esporadicamente aos filhos, esperar a resposta e explicar/corrigir se necessário:

- *Filho, por que a gente vai à igreja?* Vamos para ter um tempo de louvor a Deus, demonstrando gratidão por tudo o que Ele tem feito e nos reunindo com o Corpo de Cristo. É ali que acontecem manifestações intensas do Espírito Santo.
- *Filho, por que cantamos músicas para Jesus?* Porque Ele é o Rei Todo-poderoso e nós queremos elogiá-lo e dizer o quanto o amamos. Também agradecemos e oramos a Ele com canções que expressam todo sentimento que há no nosso coração. Quando fazemos isso, Ele fala conosco também. Ficamos em pé para demonstrar toda nossa devoção, mas

podemos também sentar ou ficar de joelhos; não há uma regra fixa, contanto que nosso coração esteja focado nele.

- *Filho, por que nos reunimos em célula ou chamamos pessoas em casa para aconselhamento?* Porque a Bíblia diz que os filhos de Deus devem se ajudar mutuamente, dando conselhos conforme Sua Palavra, corrigindo os que estão agindo errado, orando uns pelos outros, demonstrando amor e preocupação pelos interesses alheios.
- *Filho, por que tomamos a Ceia?* Porque Jesus disse que o fizéssemos para nos lembrarmos dele; lembrar que Ele morreu, ressuscitou por nós e um dia tomará a Ceia conosco.
- *Filho, por que damos o dízimo e ofertas?* Damos o dízimo em obediência a Deus como um sinal de honra, mostrando que Ele é Senhor e dono de tudo o que temos. Damos ofertas para mostrar gratidão e também para contribuir para a obra de Deus.

5. VALORIZE O MINISTÉRIO INFANTIL

Estimule as crianças a participarem do ministério infantil de sua igreja e entenda que ele não é uma recreação para seus filhos enquanto você assiste ao culto em paz. Esse é um espaço em que eles estão sendo ministrados, recebendo a Palavra de Deus de maneira específica para sua faixa etária.

Ore pelos professores, incentive seus filhos a participarem das aulas, ensine-os a respeitar os responsáveis pela turma, estimule-os a levar a Bíblia e a realizarem tarefas de casa, quando tiverem.

Não se esqueça de perguntar — e ouvir com atenção — o que eles aprenderam naquele dia durante o culto. Valorize as atividades que eles trouxerem para casa e procure falar sobre elas durante a semana.

Permita também que seus filhos participem de programações da igreja voltadas para as crianças, mesmo que isso exija investimento de dinheiro e de tempo para levá-las e buscá-las!

Essas programações, assim como as aulas, são pensadas para falar diretamente com seus filhos, na linguagem que eles entendem e de maneira que desperte o seu interesse. Isso permite que a criança crie um vínculo emocional com a igreja e tenha boas memórias afetivas do tempo passado naquele lugar.

Quando eu tinha 10 anos (antes de me converter), visitamos uma igreja luterana e fui para a "salinha". Até hoje eu lembro que foi uma aula sobre a descida do Espírito Santo em Pentecostes, fizemos um desenho para representar aquele momento e usamos sucata para fazer instrumentos musicais. Tinha um único aro de metal com tampinhas de garrafa para simbolizar um pandeiro e, por ser visitante, a professora me deixou escolhê-lo. O carinho, a linguagem, as atividades, o ambiente; tudo isso fez com que aquele dia, aquela mensagem e aquele lugar ficassem gravados em minha memória por mais de 20 anos.

6. NÃO PRIVE AS CRIANÇAS DE SEREM ABENÇOADAS

Muitas vezes, na melhor intenção, deixamos nossos filhos com avós, tios ou babás para podermos participar de eventos na igreja. A nossa preocupação, muitas vezes, é que as programações exigem muito das crianças, começando cedo e terminando tarde por muitos dias seguidos. Mas observe se você não está privando seu filho de ter experiências com Deus.

Quando levamos as crianças à igreja, estamos expondo-as ao ambiente da manifestação da presença de Deus. E onde está a glória de Deus, há transformação e vida! Muitas vezes, na preocupação de não exigir demais das crianças, não permitimos que elas recebam um toque especial do Pai.

Quando a Manuela estava com 9 anos, houve uma conferência em nossa igreja, no período do carnaval, e foram dias muito intensos e cansativos, de reuniões que acabam depois de meia-noite. Não tive com quem deixar as meninas e precisei levá-las. No último dia, busquei-as antes do fim da reunião no ministério infantil para que fôssemos embora. Porém, ao passarmos pelo templo, ainda ficamos mais alguns minutos. Havia muita gente orando, dançando, cantando... E quando notei, a Manuela estava lá em frente ao altar, orando e chorando muito.

Naquele dia, ela recebeu um toque intenso e poderoso do Senhor — ao mesmo tempo em que Ele me revelou palavras acerca do futuro e do seu chamado. Que momento precioso poderia ter sido perdido se eu não tivesse permitido que elas estivessem na presença de Deus!

6

EXEMPLO DE CARÁTER

Por melhores que sejam as estratégias escolhidas, todo investimento pode ir por água abaixo se não houver exemplo vivo de cristianismo dentro de casa. Os filhos precisam ver nos pais que a Palavra de Deus transforma vidas e isso é demonstrado através do caráter! Ninguém conhece mais o seu verdadeiro caráter do que quem vive na mesma casa que você. Devemos ser exatamente aquilo que queremos que nossos filhos sejam.

Se os pais usam uma máscara de crente para ir à igreja, à célula, para se relacionar com os irmãos, os filhos estão observando. Eles veem quando os pais mentem, gritam no trânsito, brigam constantemente em casa, praticam uma disciplina baseada na violência e intimidação, falam mal dos irmãos, assistem programas inadequados, falam palavrão... Enfim, a lista é imensa!

São atitudes mundanas que continuam sendo praticadas dentro de casa e não condizem com um compromisso verdadeiro com Cristo. Invariavelmente, seu filho pensará em algum momento: "De que me adianta servir a esse Deus que não fez diferença no caráter do meu pai e da minha mãe, que não mudou a minha família?".

Em 1 Timóteo 4:16, Paulo afirma que, ao atentar para sua vida e para a doutrina, perseverando nos deveres, Timóteo salvaria a si mesmo e também aos que o ouvissem. Assim devemos ser com nossos filhos: atentar para a prática da Palavra de Deus em nossa vida e, assim, impactaremos aqueles que nos observam.

E quando chegamos nesse ponto, muita gente fica na defensiva e diz: "Mas todo mundo peca". Sim, pecamos, porém, não andamos em pecado. O pecado na vida do cristão deve ser acidente de percurso e não hábito. Estamos dia a dia nos livrando do pecado que nos torna vagarosos (HEBREUS 12:1) e, ainda que não sejamos perfeitos, prosseguimos para o final da corrida (FILIPENSES 3:13,14).

O pecado na vida do cristão deve ser acidente de percurso e não hábito.

Luto diariamente contra a gritaria e a impaciência. Com duas filhas, não gritar pode ser desafiador, especialmente no carro, onde o banco de trás vira um campo de batalha entre irmãos. Um dia, a caminho da escola, as meninas estavam brigando loucamente, provavelmente por um motivo muito sério, como "não olha pela minha janela" ou "não toque no meu cinto de segurança".

Era um dia ruim e eu gritei. Mas gritei de um jeito que fazia muito tempo que não gritava; de doer a garganta. Elas pararam de brigar na hora, mas qualquer um pararia com o susto.

Dirigi mais algumas quadras e fui constrangida pelo meu pecado. Estacionei o carro, olhei para elas e pedi perdão. Manuela, minha filha mais velha, logo falou: "Não, mamãe, a gente te deixou nervosa". Amei o fato de ela ter me dado razão e, por mim, teria terminado a conversa por aí. Porém, o Espírito Santo queria ensinar-lhes e eu completei: "É verdade, vocês me tiraram do sério, porém a paciência, mansidão e domínio próprio são características do fruto do Espírito que devem se manifestar em mim independentemente do que vocês façam ou deixem de fazer".

Não foi fácil admitir o pecado — nunca é. Nossa carne nunca está pronta para confessar seus erros, ainda mais quando isso confronta o nosso orgulho e imagem diante de outros. Porém, sei que esses momentos também estão demonstrando o poder de Deus e servindo de depósito espiritual em nossos filhos.

Quando temos um compromisso genuíno com o Senhor e buscamos aperfeiçoar a santificação no temor do Senhor, até em nossos erros podemos ensinar nossos filhos. É muito simples: seu filho viu você pecar? Peça perdão! Isso não diminui sua autoridade, pelo contrário, abre um canal de comunicação entre vocês.

A Bíblia dá um caminho muito claro: pecou? Arrependa-se, peça perdão e mude de vida. Mas mude mesmo! É isso que fará toda a diferença para as crianças. "Andar um metro no caminho certo vale mais que um quilômetro de conversa", disse John M. Drescher (*Sete necessidades básicas da criança*, Ed. Mundo Cristão, 1999, p.86).

O que não podemos é nos acomodar no ciclo "peca-pede perdão-peca". A prática constante do pecado sem arrependimento pode afastar nossos filhos do caminho do Senhor.

❤ HORA DA PRÁTICA: SEJA EXEMPLO DE CARÁTER ❤

este é o momento de fazer uma autoavaliação e anotar as áreas em que você tem falhado e dado mau testemunho dentro de casa. É o primeiro passo para a mudança.

❤ COLOQUE EM PRÁTICA JÁ! ❤

1. PEÇA AJUDA AO ESPÍRITO SANTO

O salmista nos dá um caminho para essa avaliação: pedir ao Deus que sonda mentes e corações. Quem pode distinguir os próprios erros (SALMO 19:12)? Examina-me, ó Deus [...] Mostra-me se há em mim algo que te ofende e conduze-me pelo caminho eterno (SALMO 139:23,24).

2. COLOQUE ESSAS ÁREAS EM ORAÇÃO E BUSQUE ACONSELHAMENTO

Sua busca por mudança é algo pessoal e precisa de um primeiro passo.

Oração, leitura da Palavra, renovação da mente, aconselhamento e discipulado são estratégias que precisam ser colocadas em prática. Procure alguém maduro na fé para ajudá-lo nesse processo. Lembre-se: quando confessamos nossos pecados uns para os outros, somos curados (TIAGO 5:16).

3. PEÇA PERDÃO AOS SEUS FILHOS

Dentro das áreas que você observou em sua vida, é preciso verificar quais delas afetam diretamente seus filhos. Falar grosseiro? Brigas entre os cônjuges? Mentiras ou palavras torpes? Que tal marcar o início da mudança pedindo perdão aos filhos?

—Filho, eu sei que a mamãe costuma gritar, mas a Bíblia diz que isso é fruto da carne e eu estou pedindo a ajuda do Espírito Santo para não fazer mais isso. Me perdoe! Estou mudando e não quero mais gritar.

—Filha, eu sei que algumas vezes o papai falou algumas palavras feias, que não devem ser faladas. Não quero mais fazer isso e estou buscando a ajuda do Espírito Santo. Me perdoe!

Esses pedidos de perdão podem ser difíceis, pois ferem nosso orgulho. Porém, a Bíblia diz que os humildes encontram graça (TIAGO 4:6)! Além de alcançar a ajuda de Deus, mostraremos às crianças que todos erram, mas todos podem pedir perdão e recomeçar. Por fim, teremos a ajuda desses pequenos "fiscais", que com certeza nos lembrarão quando errarmos novamente.

Se isso acontecer — de as crianças apontarem as suas recaídas — procure deixar o orgulho de lado e aproveitar para pedir perdão o quanto antes. Vamos mostrar às crianças que há provisão de santificação vinda do alto e que a maturidade cristã é progressiva e está ao alcance de todos.

Nunca esqueça: o cristianismo que não é acompanhado de paixão e de mudança de caráter não difere em nada de uma tradição familiar. Ir aos cultos domingos é mais um programa de família ou é parte de uma vida intensa de relacionamento com o Deus Criador de todas as coisas?

7

PAIS NO SECRETO

SABEDORIA DO ALTO

"A sua vida mudaria radicalmente se você não fizesse da oração o seu plano reserva". Li essa frase no perfil do *Instagram* da Lisa Bevere e me impactou profundamente. Quantas vezes estamos sobrecarregados ou frustrados com situações e sequer pensamos em recorrer a Deus em oração? A Bíblia fala que não deveríamos viver preocupados, mas antes apresentar diante de Deus as nossas orações (FILIPENSES 4:6,7)!

Nós, cristãos, temos o hábito de separar situações em categorias: naturais x espirituais. Devemos orar pela cura de um câncer terminal, mas não nos preocupamos em pedir que uma gripe passe logo; afinal, todo mundo fica gripado. Não sei se você lembra, mas a Bíblia diz que Jesus levou sobre si as nossas enfermidades (ISAÍAS 53:4) e, da última vez que cheguei, a gripe ainda era considerada uma doença.

Fazemos o mesmo com coisas simples da vida: oramos por um milagre financeiro, mas queimamos nossos neurônios tentando achar a solução para um problema do trabalho. Ou clamamos por restauração de um casamento destruído, mas fazemos malabarismo para reconquistar a confiança de um amigo ferido. Por que não entendemos que devemos apresentar *todas* as nossas petições?

Fomos, certa vez, jantar na casa de uma família que estava chegando em nossa célula (reunião que pequenos grupos da igreja realizam nas casas) havia pouco tempo, e a esposa serviu um pudim. Ela contou que enquanto o preparava orou para ficar bom, pois queria nos servir bem. Sim, ela orou pelo pudim. E vou lhe contar: foi um dos melhores pudins que já comi em minha vida. Quando deixamos de confiar em Deus para as coisas simples?

E por que estou contando essa história? Porque, dentro dessa separação que nós fazemos, também decidimos escolher o que Jesus quis dizer quando falou que o Espírito Santo nos ensinaria *todas* as coisas (JOÃO 14:26). Quando Ele disse *todas*, Ele quis dizer *todas*. Ou seja, isso inclui criar seus filhos e ensiná-los no caminho do Senhor.

Precisamos lembrar que cada criança é única e que as estratégias não funcionam da mesma forma para todas. É por isso que, para que o ensino seja eficiente, precisamos entender o que cada um de nossos filhos precisa. Quem melhor para nos ensinar do que Aquele que sonda mentes e corações?

Sendo assim, você pode — e deve — buscar a orientação de Deus para encontrar as melhores estratégias para ensinar seus filhos no caminho do Senhor e para corrigir a rota, sempre que preciso. Lembre-se: temos uma fonte de sabedoria infinita.

> *Se algum de vocês precisar de sabedoria, peça a nosso Deus generoso, e receberá. Ele não os repreenderá por pedirem.* (TIAGO 1:5)

Todas as nossas fontes estão em Deus, inclusive a fonte de sabedoria para sabermos lidar da melhor maneira com nossos filhos, de paciência para nos mantermos firmes em meio à resistência e de esperança de que Aquele que começou a boa obra em nossa vida (e da vida das crianças) a terminará.

Então, não se afaste desse lugar de fontes! Busque-o continuamente, dos momentos mais simples aos mais desafiadores da vida com os filhos. Peça a Deus ajuda para ensinar que não se pode mentir, mas também clame para que o desfralde será rápido; peça que o Espírito Santo desperte em seus filhos a fome pela Palavra de Deus, mas também o apetite por legumes e frutas que fazem bem à saúde.

Há provisão divina para todas as áreas de nossa vida, inclusive para a tão importante tarefa de cuidar dos filhos que o Senhor nos deu.

PROTEGENDO DAS INFLUÊNCIAS MALIGNAS

Temos a responsabilidade, enquanto pais, de protegermos nossos filhos das influências malignas — naturais e espirituais.

A Bíblia fala, na parábola do semeador, de sementes que, logo após caírem na terra, foram comidas pelos pássaros (MATEUS 13:4,19). É interessante notar que, na explicação, Jesus disse que essa figura é das pessoas que ouviram a mensagem, mas não a entenderam. Assim, o Maligno veio e arrancou o que foi semeado em seu coração. Ou seja, a falta de compreensão da Palavra de Deus deixa a semente vulnerável à ação das trevas.

> **A falta de compreensão da Palavra de Deus deixa a semente vulnerável à ação das trevas.**

Assim, precisamos ter algumas posturas. A primeira, como já falamos diversas vezes, é ensinar sem desanimar os princípios bíblicos para nossos filhos. Precisamos continuamente explicar, esclarecer, apresentar de maneira simples e nos esforçarmos para que as crianças compreendam o que lhes é transmitido.

Igualmente, precisamos orar para que elas tenham compreensão espiritual e revelação dessas verdades pela ação divina. Há algumas orações inspiradoras de Paulo que podemos reproduzir ao apresentarmos nossos filhos ao Senhor:

Peço que Deus, o Pai glorioso de nosso Senhor Jesus Cristo, lhes dê sabedoria espiritual e entendimento para que cresçam no conhecimento dele. Oro para que seu coração seja iluminado, a fim de que compreendam a esperança concedida àqueles que ele chamou.
(EFÉSIOS 1:17,18)

Oro para que o amor de vocês transborde cada vez mais e que continuem a crescer em conhecimento e discernimento. (FILIPENSES 1:9)

...não deixamos de orar por vocês. Pedimos a Deus que lhes conceda pleno conhecimento de sua vontade e também sabedoria e entendimento espiritual.
(COLOSSENSES 1:9)

Precisamos orar continuamente para que a boa Palavra cresça em nossos filhos através da revelação e do entendimento que o Espírito Santo pode trazer. Além disso, nos posicionamos como intercessores e sentinelas do coração de nossas crianças, bloqueando o ataque do inimigo.

Dutch Sheets, no livro *Oração intercessória* (Ed. Luz às Nações, 2012, p.226), explica que o intercessor tem um papel de sentinela: ele antevê o perigo e protege a cidade. Entre suas muitas atuações, o intercessor tem também a função de *guardar*.

> "...a primeira menção desse termo nas Escrituras nos dá a nossa responsabilidade primordial como sentinelas: Não deixar a serpente entrar! Guardar e proteger o que Deus nos tem confiado para cuidar da invasão sutil da serpente. Não a deixe entrar no seu jardim! Ou na sua casa, na sua família, na sua igreja, na sua cidade, na sua nação! Mantenha a serpente do lado de fora!"

Esse deve ser nosso posicionamento: guardar nossos filhos! Precisamos continuamente apresentar as crianças em oração para que elas sejam protegidas dos ataques do maligno e a mensagem cresça e frutifique em seus corações.

Lembra que comentei que na ida para escola oro por minhas filhas pedindo que elas tenham inteligência, saibam se relacionar e sejam protegidas do mal? Depois de deixá-las na aula, volto sozinha no carro orando por elas novamente, mas dessa vez clamo para que a mente delas seja protegida das influências malignas e travo uma batalha espiritual para que o coração delas seja guardado do mal!

Essa atenção também deve afetar a área das influências naturais: programas de televisão, jogos, livros. Precisamos sempre observar a que as crianças estão expostas, para corrigir possíveis erros de conduta e valores.

Mesmo programas com classificação etária livre podem ter conteúdos impróprios ou influências espirituais por trás de personagens e histórias. As crianças não têm senso crítico para filtrar aquilo que estão assistindo por conta própria. Cabe a nós acompanhar e censurar se necessário. Sim, é trabalhoso, mas é nossa responsabilidade.

Sei que a televisão ou tablet podem ser uma ótima distração em alguns momentos em que precisamos realizar outras tarefas. Nesse caso, opte por vídeos ou aplicativos cristãos, que você já conheça ou tenha recebido indicação de pessoas confiáveis. O mesmo vale para livros e gibis: procure produtos de editoras cristãs ou leia os conteúdos antes de permitir que seus filhos tenham contato com eles.

O entretenimento pode ser muito divertido, mas também pode ser usado como estratégia do maligno para afastar nossos filhos da verdade. Isso acontece de maneira escancarada, em filmes de terror que assustam as crianças, mas também de maneira sutil: quando personagens têm atitudes banais e cotidianas que são contrárias à Palavra de Deus. São comportamentos tão simples que podem passar despercebidos se não houver atenção. Proteja seus filhos. Não deixe a serpente entrar!

REGANDO A SEMENTE COM ORAÇÃO

Quando comentei com a Manuela que estava escrevendo um livro sobre como ensinar a Bíblia aos filhos, perguntei se ela achava que eu poderia falar sobre o assunto com autoridade. Ela disse que sim, mas que faltava eu "dar mais motivação". Questionei sobre o que quis dizer, mas nem ela soube explicar.

Comecei a orar sobre o assunto e entendi que existe uma motivação que vai além das estratégias que já apresentamos aqui. É uma motivação que vem do espírito e que precisa ser regada com oração.

Tudo o que falamos para nossos filhos são coisas espirituais. Precisamos lembrar que, até que eles tenham uma experiência pessoal com Cristo, o novo nascimento ainda não aconteceu. Assim, a nossa conversa pode ser muito complicada, como o que diz em Coríntios: o homem natural não entende as coisas do Espírito, pois lhe parecem loucura (1 CORÍNTIOS 2:14).

Sendo assim, precisamos orar continuamente por nossos filhos para que véu que cobre o entendimento deles seja removido e que eles cheguem ao conhecimento de Cristo (2 CORÍNTIOS 4:3,4). Oremos também para que a Palavra de Deus habite nas crianças (COLOSSENSES 3:16) e que Cristo habite nelas pela fé (EFÉSIOS 3:17)! Que o próprio Deus dê a elas um coração pronto a obedecer-lhe e amá-lo todos os dias (JEREMIAS 32:39). Tudo isso é obra do Espírito Santo que rega a semente da Palavra no coração de nossos filhos.

Lembrem-se: tudo o que temos feito é colocar a semente, regá-la, mas quem a faz crescer é Deus (1 CORÍNTIOS 3:6)! Não podemos desanimar de orar continuamente e diariamente por nossos filhos. Isso, mais do que qualquer estratégia, é o que fará diferença na vida espiritual de nossas crianças.

Paulo diz que orava, com dores de parto, até que Cristo fosse plenamente desenvolvido na igreja de Gálatas (GÁLATAS 4:19).

As orações apostólicas, nas cartas do Novo Testamento, nos dão um bom trilho de como podemos orar por nossos filhos.

Que sejamos comprometidos com uma oração constante e fervorosa para que nossos filhos vivam a plenitude do relacionamento com Deus. Pois, como afirmou Stormie Omartian, "a oração é o presente mais importante que você pode dar a cada um de seus filhos" (*O poder da mãe que ora*, Ed. Mundo Cristão, 2012, p.12).

♥ HORA DA PRÁTICA: FORTALEÇA-SE NO SECRETO ♥

Muitas vezes andamos sobrecarregados e cansados com as tarefas e exigências da criação de filhos, simplesmente, porque não colocamos nossos olhos no lugar certo. Deus promete nos sustentar e nos ajudar, se deixarmos de fazer tudo com nossas próprias forças:

Porque o Soberano, o SENHOR, o Santo de Israel, diz o seguinte: vocês só serão salvos se, arrependidos, voltarem para mim e ficarem tranquilos. No sossego e na dependência completa de mim está a sua força, mas vocês não querem saber disso! Pelo contrário, vocês dizem: "Nós vamos fugir a cavalo, cavalos bem velozes!" E vocês fugirão! Só que os cavalos dos seus inimigos são mais ligeiros do que os seus!
(ISAÍAS 30:15,16 NOVA BÍBLIA VIVA)

♥ COLOQUE EM PRÁTICA JÁ! ♥

1. ARREPENDIMENTO

O primeiro passo é nos arrependermos de nossa independência em relação ao Senhor e da nossa prepotência de acreditar que somos capazes de criar os nossos filhos sem a ajuda dele. Coloque seu coração diante do Senhor de maneira sincera e permita que Ele seja soberano em todas as áreas de sua vida — inclusive na maneira de criar e educar seus filhos.

Confie no SENHOR de todo o coração; não dependa de seu próprio entendimento. Busque a vontade dele em tudo que fizer, e ele lhe mostrará o caminho que deve seguir. (PROVÉRBIOS 3:5,6)

2. DISCIPLINA ESPIRITUAL

Crie rotinas espirituais com foco nas crianças: momentos de oração e períodos de jejum específicos por seus filhos.

Você pode estabelecer a periodicidade com que jejuará para esse fim e pode criar uma lista com os motivos de orações pelas crianças. Escrever ajuda a nos manter focados, além de refrescar nossa memória e poder relacionar os pedidos com as respostas recebidas.

As cartas dos apóstolos — especialmente Paulo — às igrejas contêm algumas orações poderosas — como já citamos acima. Elas podem ser um guia para você montar a sua lista de pedidos sobre seus filhos, mas você também pode incluir outras petições que achar pertinentes: que tenham bom desempenho na escola, que guardem seu coração das paixonites da idade, que sejam curados de determinadas doenças... Enfim, cada pai e mãe conhecem os desejos que têm para seu filho.

Não esqueça, entretanto, de ficar sensível à voz do Espírito Santo, para orar de acordo com a vontade dele. Afinal, melhor do que os nossos planos são aqueles que Deus tem para as nossas crianças (ISAÍAS 55:8,9). Faz parte de nosso papel como intercessores trazer a realização da vontade de Deus para a Terra e sobre a vida de nossos filhos.

Nesse aspecto, precisamos ter perseverança! Não podemos deixar de orar porque não estamos vendo os frutos daquilo que pedimos. As respostas a cada uma de nossas orações chegarão no tempo certo determinado por Deus — mas elas devem ser feitas continuamente até que essa resposta chegue ou que a paz dele inunde o seu coração com a certeza de que já pode parar com aquele pedido. Na dúvida, continue orando!

Se seu cônjuge é cristão, orem juntos, guerreiem e lutem pela vida de seus filhos com intensidade. Não se acomodem em pedir pela intervenção divina apenas de vez em quando ou em uma situação de emergência. Criem depósitos espirituais de poder para serem liberados pelo Espírito Santo sobre as crianças conforme a necessidade que elas tenham.

3. CRIE REGRAS E LIMITES PARA O ENTRETENIMENTO

É muito importante que seus filhos tenham regras sobre programas que podem ou não assistir, aplicativos que podem usar ou livros liberados para a leitura. Porém, mais do que isso, é fundamental que nós, pais e mães, expliquemos as razões dessas proibições.

Se a criança não for informada claramente sobre por que não pode ver determinados programas, ela tentará, no momento que tiver oportunidade, burlar a regra para tentar entender a proibição. Então, seja sincero e fale se há comportamentos que ferem os valores divinos ou se há influências espirituais que podem dar medo às crianças. O importante é que as crianças percebam que esses limites são proteção a elas!

Isso tudo fará que a criança escolha seguir esse limite mesmo longe dos pais. Não podemos esquecer que nossos filhos vão para a casa de avós, amigos ou mesmo encontram pessoas mexendo no celular em qualquer lugar. Eles precisam, por conta própria, saber dizer que não querem ter contato com determinado conteúdo!

Tudo se torna mais fácil se o pai oferece alternativas à criança. Portanto, se um programa é restrito, deve haver outros liberados. Se seu filho não pode ler determinados livros, ofereça opções que ele possa. Assim como com os aplicativos de celular, tenha alternativas bacanas para substituir as que foram proibidas.

No mais, vale sempre lembrar: a brincadeira em família e a presença do pai e da mãe sempre vão ser mais interessantes do que televisão, literatura ou internet.

Pensamentos:

CONCLUSÃO

"Eu não desejo chegar diante de Deus no Céu
e descobrir que fiz menos do que poderia fazer."
—Drummond Lacerda
(*Fora do alcance das crianças*, 2016, p.65)

Temos uma preocupação genuína em cumprir o ministério e chamado específico que Deus colocou em nossa vida. Queremos ser instrumento do reino dos Céus e não negligenciar dons e talentos colocados em nossa vida. Porém, tudo isso começa dentro de nossa casa.

A família é nosso primeiro ministério, e nossa casa, nosso primeiro campo missionário, como ouvi certa vez. Por isso, cuidar de nossos filhos e investir em sua vida espiritual é um compromisso inegociável a todo pai e mãe.

Mais do que simplesmente falar, a orientação bíblica é ensinar no caminho. Ou seja, você anda pelos mesmos trajetos que pretende que seus filhos sigam. Isso envolve paixão, disciplina espiritual e compromisso com Deus.

Podemos nos alegrar em saber que há provisão de graça e sabedoria disponível para nós. E também confiar que quem edifica a casa é o Senhor (SALMO 127:1).

Porém, nós trabalharemos arduamente e sem esmorecer fazendo a nossa parte, pois podemos ter plena convicção de que aquele que começou a boa obra em nós e em nossos filhos é fiel para completá-la até o dia em que Cristo Jesus voltar (FILIPENSES 1:6).

...histórias que ouvimos e conhecemos, que nossos antepassados nos transmitiram. Não esconderemos essas verdades de nossos filhos; contaremos à geração seguinte os feitos gloriosos do SENHOR, seu poder e suas maravilhas. Pois ele estabeleceu seus preceitos a Jacó, deu sua lei a Israel. Ordenou a nossos antepassados que a ensinassem a seus filhos, para que a geração seguinte, os filhos ainda por nascer, a conhecesse, e eles, por sua vez, a ensinarão a seus filhos. Portanto, cada geração deve pôr sua esperança em Deus, não esquecer seus poderosos feitos e obedecer a seus mandamentos.
(SALMO 78:3-7 — ÊNFASE ADICIONADA)